An Elementary Course in Scientific Chinese

基础科技汉语教程

Reading Comprehension (Vol. I)

阅读课本（上）

杜厚文　编著

华语教学出版社
SINOLINGUA

First Edition 2011

ISBN 978-7-5138-0090-7
Copyright 2011 by Sinolingua
Published by Sinolingua
24 Baiwanzhuang Road, Beijing 100037, China
Tel: (86)10-68320585, 68997826
Fax: (86)10-68997826, 68326333
http://www.sinolingua.com.cn
E-mail: hyjx@sinolingua.com.cn
Printed by Beijing Songyuan Printing Co., Ltd.

Printed in the People's Republic of China

前　言

　　《基础科技汉语教程》是专门为来华学习理工专业的外国留学生编写的科技汉语基础教材，一共5册，包括《听说课本》(上、下)，《阅读课本》(上、下)和《听力课本》。这套书也可以供外国人教授和自学科技汉语使用。

　　《听说课本》着重讲解科技汉语中常用的词语和语法结构，以及常用的功能－意念项目及其表达法。在课堂教学中，要突出听说训练，培养、提高学生口头表达科技语言的能力。

　　《阅读课本》着重培养、训练学生的阅读理解能力，提高阅读速度。

　　《听力课本》着重训练、提高学生的听力理解能力。

　　《基础科技汉语教程》总生词量约为3900多个，常用语法点为136条，功能－意念项目为20项。

　　在教学中，设置听说课、阅读课和听力课三种课程。听说课、阅读课和听力课分工明确，但又是密切配合的。听说课是主线，在教学中先行，阅读课和听力课分别与之相配合。

　　这套书具有如下特点：1. 注重实用性和针对性，选取现代科学技术领域内的语言材料作为教学内容，以满足学习理工专业的外国留学生的实际语言需要。2. 通过听说、阅读和听力等课本，对听、说、读、写四种语言技能分别进行专项训练，全面提高学生运用汉语进行实际交际的能力。3. 围绕科技文章中常用的普通词、通用的科技基础词和常用的词语结构、句式来选编语言材料，突出科技汉语概念准确、结构严谨、论理清楚及层次分明等语体特点。4. 力求将语言使用的情境与语言的结构以及语言的交际功能有机地结合在一起来组织语言材料。

《基础科技汉语教程》与《普通汉语教程》相衔接和配合，先学习《普通汉语教程》，再学习《基础科技汉语教程》。教学实践说明：学完这两套教材，可以有效地让学生在短期内掌握在中国生活、社会交际和学习理工专业所必需的最基本的语言知识和交际能力，打下良好的普通汉语基础和科技汉语基础。

在编写这套教材时，笔者吸收了历年来汉语教材编写的成果和经验，参考和采用了若干科普书籍的材料，在此向原作者表示衷心的谢意。由于部分原作者未能及时找到，所以敬请原作者见到本书后，尽快与我们联系。联系人杜厚文，邮箱：duhouwen@yahoo.com.cn。

欢迎使用本教材的教师和学习者提出宝贵的意见，以便我们对这套教材进行修订和完善。

编　者

Preface

An Elementary Course in Scientific Chinese, a series consisting of five books, *Listening and Speaking (Volume I and II)*, *Reading Comprehension (Volume I and II)* and *Listening Comprehension*, has been tailored for foreign students coming to China to study in the various fields within science and technology. This series can also be used by non-native Chinese speakers for teaching or self-study.

Listening and Speaking focuses on the common phrases, grammar structures, common functional-notional items and their expressions in the areas of science and technology. Through focused training in listening and speaking, the students will gradually build up their abilities to communicate effectively.

Reading Comprehension aims to improve students' reading comprehension and increase their reading speed.

Listening Comprehension focuses on improving students' listening comprehension abilities.

The whole series has a vocabulary of over 3,900 words, 136 commonly used grammar items and 20 functional-notional items.

The complete course includes instruction in three categories — listening and speaking, reading comprehension and listening comprehension. Listening and speaking is the major course and therefore should be employed a bit earlier than the reading comprehension and listening comprehension parts which act as closely related supplements.

The series has the following characteristics:
1. Focuses on practicality and pertinence. The content of this course is selected from modern scientific language in order to meet the actual studying needs of foreign students who major in science and engineering.

2. Through the three course books, language skills, including listening, speaking, reading and writing, will be practised separately and the actual communicative abilities can be totally improved.

3. The features of scientific Chinese have been captured through precise concepts, logical statements, and clear organization. The language materials are arranged by using commonly used scientific vocabularies, lexical structure and sentences.

4. We have attempted to combine and utilize structural, situational and functional approaches in compiling the language materials.

An Elementary Course in Scientific Chinese forms a set with *Introductory Chinese*, which can be learnt in advance. After studying the two series, students can acquire the basics of language and communicative abilities to live, socialize and learn science and engineering in China and will be amply prepared to further improve their Chinese.

While compiling this series, the compiler has utilized the achievements and experiences in related fields over the past years, and has also referred to and adopted relevant materials by authors of popular science books. We hereby extend our acknowledgement to all of them. It is regrettable that we have lost contact with some of the authors, and as such, we hope that they can contact us as soon as they see this series published. Please contact Mr Du Houwen at duhouwen@yahoo.com.cn.

We welcome any criticism and suggestions from teachers and students for the revision and betterment of this series.

The Compiler

Contents 目 录

第一课 LESSON 1

课文一　可口可乐

课文 Text

　　我们都看到过，第一次打开可口可乐瓶盖儿的时候，不停地往外冒出泡沫，这是为什么呢？这是因为：可口可乐里含有能产生泡沫的物质。

　　可口可乐是一种碳酸饮料。碳酸是二氧化碳的水溶液。用比较大的压力把二氧化碳压入水中，使它溶解在水里，就是碳酸制品。碳酸饮料里还有甜味剂、酸味剂、香精、香料及其他原料。

　　可口可乐里含有的碳酸成分很不稳定，在外部压力减小、碳酸溶解度降低时，就会很容易地分解成水和二氧化碳。二氧化碳是气体，在水中会形成气泡。当我们打开瓶盖儿以后，外边的压力减小了，二氧化碳从水中分解出来，形成大量泡沫，就从瓶口冒了出来。

生词 New Words

1. 停（动）	tíng	to stop
2. 泡沫（名）	pàomò	foam, froth
3. 含（动）	hán	to contain
4. 物质（名）	wùzhì	matter
5. 碳酸（名）	tànsuān	carbonic acid (H_2CO_3)
6. 溶液（名）	róngyè	liquid solution
7. 制品（名）	zhìpǐn	product, good
8. 甜味（名）	tiánwèi	sweet taste
9. 剂（名）	jì	agent
10. 香精（名）	xiāngjīng	essence
11. 香料（名）	xiāngliào	perfume, spice
12. 色素（名）	sèsù	pigment
13. 成分（名）	chéngfèn	composition
14. 稳定（形）	wěndìng	stable, steady
15. 溶解度（名）	róngjiědù	solubility

16. 降低（动）	jiàngdī	to reduce, to lower
17. 气体（名）	qìtǐ	gas
18. 当（介、动）	dāng	when, while, as; to be, to serve as
19. 大量（形）	dàliàng	a large quantity
专名 Proper Names		
可口可乐	Kěkǒukělè	Coca-Cola

练习 Exercises

一、根据课文判断正误：

1. 用比较大的压力可以使二氧化碳溶解在水里。

2. 二氧化碳的水溶液就是碳酸。

3. 可口可乐是一种碳酸饮料。

4. 可口可乐饮料里不含有二氧化碳。

5. 可口可乐饮料里含有甜味剂、香料等。

6. 可口可乐气泡里的气体就是二氧化碳。

7. 外部压力减小，溶解在可口可乐里的二氧化碳增加。

8. 外部压力减小时，溶解在可口可乐里的二氧化碳分解出来形成气泡。

二、根据课文选择恰当的答案：

1. 打开可口可乐的瓶盖儿往外冒气泡，是因为可口可乐里含有：

   A. 甜味剂 　　　　　　　B. 香精

   C. 二氧化碳 　　　　　　D. 酸味剂

2. 可口可乐里的二氧化碳分解出来形成气泡，是因为：

   A. 碳酸不稳定 　　　　　B. 外部压力减小

   C. 里边压力增加 　　　　D. 里边二氧化碳太多

三、根据课文回答问题：

1. 可口可乐是一种什么样的饮料？可口可乐里含有哪些成分？

2. 可口可乐饮料是怎样制成的？

3. 打开可口可乐瓶盖儿的时候，为什么不停地往外冒气泡？

课文二　二氧化碳

 Text

　　从前，在一座高山下边，有一个很特殊的山洞。人带着狗走进去，过了一会儿，狗倒下死了，人还好好儿的。大家不知道这是怎么回事。

　　后来，人们发现，洞的底部有二氧化碳。狗比较矮，到了洞里，吸不到氧气，就闷死了。人比较高，上边有氧气，所以人站着还可以呼吸。早在1500多年前，中国有个叫葛洪的人，已经注意到有的洞里有二氧化碳的现象了。

　　二氧化碳是一种比空气重、没有气味、没有颜色的透明气体。它不能燃烧，也不能帮助燃烧。二氧化碳能溶解在水中。水的温度低，二氧化碳溶解得就多；水的温度高，二氧化碳溶解得就少。我们喝的汽水和可口可乐，就是人们用很大的压力，把二氧化碳压入冷水中，使它溶解后制成的。

生词 New Words

1. 洞（名）	dòng	hole, cave
2. 狗（名）	gǒu	dog
3. 倒（动）	dǎo	to fall down
4. 底部（名）	dǐbù	base
5. 矮（形）	ǎi	short, low
6. 氧气（名）	yǎngqì	oxygen
7. 闷（动）	mēn	to be stuffy
8. 呼吸（动）	hūxī	to breathe
9. 现象（名）	xiànxiàng	phenomenon
10. 比（介、动）	bǐ	than; as compared with (to)
11. 空气（名）	kōngqì	air
12. 重（形）	zhòng	heavy
13. 气味（名）	qìwèi	smell
14. 透明（形）	tòumíng	transparent
15. 燃烧（动）	ránshāo	to burn
16. 温度（名）	wēndù	temperature
17. 制（动）	zhì	to make

专名 Proper Names

葛洪	Gě Hóng	*name of a person*

练习 Exercises

一、根据课文判断正误：

1. 二氧化碳是一种没有颜色的气体。
2. 水溶解二氧化碳多少跟水的温度高低有关系。
3. 用很大的压力，可以使二氧化碳溶解在冷水里。
4. 二氧化碳比空气重。
5. 狗死了是因为吸不到氧气。
6. 二氧化碳有气味。
7. 二氧化碳是一种透明气体。
8. 二氧化碳能燃烧。
9. 二氧化碳能帮助燃烧。
10. 山洞的上部有二氧化碳。

二、根据课文选择恰当的答案：

1. 本课讲的主要内容是：
   A. 汽水的制法
   B. 介绍一个特殊的山洞
   C. 狗进山洞为什么死了
   D. 二氧化碳的性质
2. 这篇课文中没有谈到：
   A. 二氧化碳的气味
   B. 二氧化碳的颜色
   C. 二氧化碳的成分
   D. 二氧化碳的溶解度

三、根据课文回答问题：

1. 狗进山洞，为什么一会儿就死了？
2. 二氧化碳有哪些性质？

 **Grammar Points**

字和词（一）
Characters and Words (1)

汉字是汉语的书写符号，汉字不是拼音文字，而是一个一个的方块字。汉语的字和词是两个不同的概念。一个词可以只有一个字。

Chinese characters are written symbols, which are derived from ancient pictographs. Characters are different from words in their basic concepts. Sometimes a character can stand alone and comprise a word. E.g.,

例如：水、菜、白、快、吃、喝、又、从

一个词也可以由两个或两个以上的汉字组成。

A word may also be composed of two characters or more. E.g.,

例如：电脑、地球、软件、凉快、已经、图书馆、经济舱、名胜古迹

汉语里只有少量汉字本身不是词，只能和其他成分一起组成词。例如："葡萄"的"葡"和"萄"。

There are a few characters which cannot stand alone, and can only form words when used together with other characters. E.g., 葡 and 萄 cannot be used alone as words, but together they form the word 葡萄.

课文一　中国冬季的气温

 **Text**

　　中国冬季，一月是最冷的。这个月，黑龙江最北部的气温在零下三十摄氏度（–30℃）以下，冰天雪地，十分寒冷；海南岛的气温在二十摄氏度（20℃）以上，温暖如春，鲜花盛开。这个月，海南岛的气温比黑龙江最北部高 50 度左右。可以看出，中国冬季南方和北方的气温相差很大。

　　这是怎么回事呢？

　　原来，中国位于北半球。冬季，太阳直射南半球，太阳给北半球的热量少。中国南方地区纬度低，获得的太阳光热比较多，而且白天时间长，太阳照射的时间就长，所以南方地区气温较高；中国北方地区纬度高，获得的太阳光热较少，而且白天时间很短，太阳照射的时间就短，所以北方地区气温较低。

　　此外，冬季蒙古—西伯利亚冷空气常常侵袭中国，首先受到影响的就是北方地区，使北方地区的气温降低。冷空气经过北方广大地区到达南方的时候，势力已经减弱了，对南方气温的影响不大。

生词 New Words

1. 冰天雪地	bīngtiān-xuědì	vast expanse of ice and snow
2. 温暖（形）	wēnnuǎn	warm
3. 如（动）	rú	to be like; such as, as
4. 盛开（动）	shèngkāi	to be in full bloom
5. 位于（动）	wèiyú	to be situated; to be located
6. 纬度（名）	wěidù	latitude
7. 照射（动）	zhàoshè	to shine
8. 此外（连）	cǐwài	in addition
9. 侵袭（动）	qīnxí	to hit; to make inroads on

10. 首先（副、代）	shǒuxiān	first; in first place
11. 影响（动、名）	yǐngxiǎng	to affect; effect
12. 经过（动、名）	jīngguò	to pass, to go through; process
13. 广大（形）	guǎngdà	extensive, vast, large
14. 势力（名）	shìlì	force, power, influence
15. 减弱（动）	jiǎnruò	to weaken

专名 Proper Names

1. 黑龙江	Hēilóngjiāng	*a province in Northeast China*
2. 海南岛	Hǎinándǎo	*a province in South China*
3. 蒙古	Měnggǔ	Mongolia
4. 西伯利亚	Xībólìyà	Siberia

 **Exercises**

一、根据课文判断正误：

1. 中国每年 1 月最冷。

2. 中国冬季北方和南方气温相差很大。

3. 中国位于南半球。

4. 中国北方的纬度低。

5. 中国南方的纬度高。

6. 冬季，中国南方白天时间长。

7. 冬季，太阳直射南半球。

8. 冬季，太阳照射中国北方的时间短。

9. 冬季，冷空气常常侵袭中国北方。

10. 冬季，冷空气对中国南方影响不大。

二、根据课文选择恰当的答案：

1. 中国哪个季节最冷？

　　A. 春季　　　B. 秋季　　　C. 夏季　　　D. 冬季

2. 中国哪个地方四季如春、鲜花盛开？

　　A. 黑龙江　　B. 海南岛　　C. 上海　　　D. 北京

3. 冬季，中国南方的气温高，是因为：

　　A. 太阳直射

　　B. 不受冷空气侵袭

　　C. 纬度高

　　D. 获得的阳光多，太阳照射时间长

三、根据课文回答问题：

为什么中国冬季南方和北方气温相差很大？

课文二　一天中什么时候最热？

 课文 Text

中午 12 点钟是一天中太阳离地面最近的时刻，但是它不是一天中最热的时刻，这是为什么呢？

原来，空气中的各种气体直接吸收的太阳光热只有百分之十四（14%）左右，百分之四十三（43%）左右的热量被地面吸收。地面把吸收的热量再放出去烘热空气，这些都需要一定的时间。中午太阳光几乎直射地面，地面和空气受热最强，但是这时候地面放出来的热量比它吸收的太阳热量少，所以中午并不是最热的时候。中午以后，地面温度继续升高，一直到地面放出来的热量等于它吸收的太阳热量时，地面温度才能达到最高，这时候是下午两点左右。所以一天中最热的时候是下午两三点钟左右。

生词 New Words

1. 地面（名）	dìmiàn	ground; land surface
2. 时刻（名）	shíkè	time, moment
3. 直接（形）	zhíjiē	direct, immediate
4. ……分之……	…fēnzhī…	*formula for a fraction*
5. 放（动）	fàng	to generate
6. 烘（动）	hōng	to bake, to toast
7. 几乎（副）	jīhū	nearly, almost
8. 强（形）	qiáng	strong, powerful
9. 继续（动）	jìxù	to continue
10. 一直（副）	yìzhí	continuously, always; all along
11. 等于（动）	děngyú	to be equal to
12. 时（名）	shí	time

13. 达到（动）　　　　　　　dádào　　　　　　　to reach, to attain

练习 Exercises

一、根据课文判断正误：

1. 一天中最热的时候是中午。

2. 地面吸收的太阳光热比空气中各种气体直接吸收的多。

3. 中午太阳光直射地面。

4. 中午地面和空气受太阳的光热最强。

5. 中午地面放出来的热量比吸收的热量高。

6. 中午以后地面温度比中午以前低。

7. 地面放出来的热量去烘烤空气。

8. 地面放出来的热量等于它吸收的太阳热量时，地面温度最高。

二、根据课文选择恰当的答案：

1. 这篇课文主要讲的是：

A. 一天中什么时候不太热

B. 地面吸收太阳光的情况

C. 空气中各种气体吸收太阳光的情况

D. 一天中为什么下午两三点钟左右最热

2. 一天中中午不是最热的时候，是因为：

A. 空气直接吸收的太阳光热少

B. 地面放出来的热量少

C. 地面吸收的热量多

D. 地面放出来的热量等于它吸收的热量

三、根据课文回答问题：

为什么一天中下午两三点钟左右最热？

语法知识 Grammar Points

字和词（二）
Characters and Words (2)

　　一个词只有一个音节，写出来就是一个汉字，如："电"、"水"、"变"、"跑"、"高"等，这些词叫单音词。两个音节的词，写出来就是两个汉字，如："太阳"、"热量"、"平均"、"特点"、"地区"等，这些词叫双音词。

Each character used in the Chinese language is a syllable. A word represented by one character is known as a monosyllabic word. E.g., 电，水，变，跑，高，etc. If a word is composed of two characters, such as 太阳，热量，平均，特点，地区，etc., we call it a disyllabic word.

　　此外还有三音词、四音词等，如："大使馆"、"计算机"、"四合院"、"数码相机"、"电子邮件"、"二氧化碳"等。两个音节以上的词又叫复音词。

There are also words of three or more syllables. E.g., 大使馆，计算机，四合院，数码相机，电子邮件，二氧化碳，etc. Words like these are known as polysyllabic words.

　　在普通话里，有时写出来是两个或三个字，而说出来是一个或两个音节。

Some words are pronounced as one or two syllables, even though they consist of two or three characters. E.g.,

　　如：花儿、画儿、汽水儿、小孩儿、聊天儿

课文一　出汗与散热

 **Text**

　　人体的正常体温一般都保持在 36℃—37℃。天热时，人是用出汗的方法来帮助散热的。出汗为什么能帮助散热呢？

　　我们知道，水蒸发的时候，要吸收热量，这部分热量在物理学上叫做蒸发热。夏天，洗过的衣服晾在外边，一会儿就干了。这是因为夏天气温比较高，衣服上的水分子很容易吸收到热量。人出汗以后，汗水也会吸收皮肤上的热量，蒸发到空气中去，使体温下降。

　　夏天，天气很热。我们骑自行车时，并不觉得太热，可是一停下来就觉得非常热，这是为什么呢？

　　在常温下，水能变成水蒸气分子跑到空气中去，可是水蒸气分子在水面积聚得很多的时候，有的蒸气分子也会弹回到水里。这时，蒸发速度很慢。但是一阵风吹来，把积聚的水蒸气分子吹走了，蒸发速度就加快了。

　　人在骑自行车的时候，汗水蒸发成气体分子飞散了，并不会积聚起来。蒸发速度越快，皮肤上的热量带走越多，人也就越觉得凉快。但是，停下来的时候，皮肤周围的汗水蒸发成的水蒸气分子就积聚起来，不能很快飞散，蒸发速度就慢了，人也就觉得热了。

生词 New Words

1. 出汗（动）	chū hàn	to perspire, to sweat
2. 散（动）	sàn	to send out
3. 人体（名）	réntǐ	human body
4. 正常（形）	zhèngcháng	normal, regular
5. 一般（形）	yìbān	general
6. 保持（动）	bǎochí	to maintain
7. 方法（名）	fāngfǎ	method, way

8. 分子（名）	fēnzǐ	molecule
9. 汗水（名）	hànshuǐ	sweat
10. 皮肤（名）	pífū	skin
11. 常温（名）	chángwēn	normal atmospheric temperature
12. 水面（名）	shuǐmiàn	water surface
13. 积聚（动）	jījù	to gather
14. 弹（动）	tán	to bounce, to spring, to leap
15. 速度（名）	sùdù	velocity, speed
16. 吹（动）	chuī	to blow
17. 加快（动）	jiākuài	to speed up

练习 Exercises

一、根据课文判断正误：

1. 人的正常体温是 36℃—37℃。

2. 出汗可以帮助人体散热。

3. 水蒸发的时候要放出热量。

4. 汗水蒸发以后，体温下降。

5. 风能把集聚在水面的水蒸气分子吹走，使蒸发加快。

6. 人骑在自行车上比停下来凉快。

7. 皮肤上集聚的水蒸气分子越多越凉快。

8. 蒸发越快，带走皮肤上的热量越多。

二、根据课文选择恰当的答案：

这篇课文主要告诉我们：

A. 出汗和散热的关系　　　　　　B. 人体的正常体温

C. 汗水蒸发的快慢跟风有关系　　D. 夏天晾在外边的衣服容易干

三、根据课文回答问题：

1. 为什么出汗能帮助人体散热呢？

2. 为什么夏天骑在自行车上比停下来觉得凉快呢？

课文二　室内通风

 **Text**

　　在炎热的夏天，一阵风吹来，我们会感到凉快。风为什么能使人凉快呢？主要是因为通风能加快人体皮肤汗水的蒸发，使人的体温下降。我们从物理学上知道，1克水变成水蒸气，大约需要600卡热量。人体皮肤汗水蒸发加快的时候，人体内的热量很快地散出来。所以，为了更好地防暑降温，我们一定要保持室内通风。

　　怎样才能保持室内通风呢？最好是房间的两边都有窗户。这两边的窗户都打开的时候，风可以从一边的窗户进来，从另一边的窗户出去，不受阻碍，速度加快。这时，室内的风就比较大。

　　房间里只有一边有窗户，通风效果就比较差。这时，风要在室内转一圈才能出去，速度不会很快，室内的风就比较小。可是，房间的一边有两个窗户又比只有一个窗户通风条件好。

　　大家知道，热空气比冷空气轻，所以热空气在冷空气的上边。根据这个道理，可以在房间的一边墙上开两个窗户：一个开在最上边，另一个开在最下边。这样做，从通风这一点看，要比开两个一样高的窗户好。不过窗户开得太高和太低，室内都很黑，所以一般都把窗户开在墙的中间。

生词 **New Words**

1. 内（名）	nèi	inner
2. 通风（动）	tōngfēng	to ventilate
3. 炎热（形）	yánrè	hot
4. 感到（动）	gǎndào	to feel, to sense
5. 学（名）	xué	branch of knowledge
6. 克（量）	kè	gram (g.)
7. 大约（副）	dàyuē	about, approximately
8. 卡（量）	kǎ	calorie
9. 为了（介）	wèile	in order to, for
10. 防暑（动）	fángshǔ	to prevent heatstroke
11. 降温（动）	jiàngwēn	to drop in temperature
12. 另（代、副）	lìng	besides, other
13. 阻碍（动）	zǔ'ài	to obstruct

14. 效果（名）	xiàoguǒ	effect, result
15. 差（形）	chà	poor, inferior
16. 转（动）	zhuàn	to turn. to revolve, to rotate
17. 根据（介）	gēnjù	on the basis of; according to
18. 道理（名）	dàolǐ	reason
19. 开（动）	kāi	to open

练习 Exercises

一、根据课文判断正误：

1. 夏天有风，人们会感到凉快。

2. 通风能加快人体汗水的蒸发。

3. 汗水蒸发得越快，人体内的热量散出来越快。

4. 为了更好地防暑降温，一定要保持室内通风。

5. 房间的两边墙上都有窗户，通风效果最好。

6. 房间里只有一边有窗户，通风效果比较差。

7. 一边墙上开两个窗户，冷空气从上边进来，热空气从下边出去。

8. 一般都把窗户开在墙的中间。

二、根据课文选择恰当的答案：

这篇课文主要讲的是：

A. 汗水的蒸发   B. 房间的窗户

C. 风能使人感到凉快   D. 房间怎样更好地通风

三、根据课文回答问题：

夏天怎么更好地保持室内通风？

 **语法知识** Grammar Points

单纯词
Single Morpheme Words

从构词法角度来看，汉语的词有单纯词和合成词之分。

In Chinese, there are two kinds of words: single-morpheme words and compound words.

单纯词是不能再分割的词，它本身只包括一个词素，不能再拆成更小的单位。

A single-morpheme word has only one morpheme as a minimum meaning unit, and it cannot be further divided.

单纯词大部分是单音词，如"人"、"天"、"山"、"水"、"高"、"低"、"走"、"笑"、"男"、"女"、"手"、"的"等。这种词是语言中最基本的词，而且是产生新词的基础，如"天"可以构成"春天、夏天、秋天、冬天、今天、明天、昨天、天气、天上"等。

Most of them are monosyllables, e.g., 人，天，山，水，高，低，走，笑，男，女，手，的, etc. They are the basic words of the Chinese language, and numerous compound words are (or can be) formed with them such as, 春天，夏天，秋天，冬天，今天，明天，昨天，天气 and 天上, etc.

单纯词中有一些是双音词，如"玻璃"（bōli glass）、"咖啡"等。这些词都是一个整体，本身只是一个词素，不能拆开分析。

However, there are some exceptions. Words like 玻璃，咖啡 despite having two syllables are single-morpheme words, and also cannot be further divided.

第四课
LESSON 4

课文一　山谷里的回声

课文 Text

在幽静的山谷里，如果有人高声叫喊，过一会儿就会传来同样的声音。难道是有人在学我们说话吗？当然不是，那是回声。那么，山谷里为什么会有回声呢？

这是因为，在人们喊叫的时候，声音会向四面八方传去。声音是以声波的形式传播的，假如在传播过程中遇到较大的障碍物，它就会被障碍物的界面反射回来。反射回来的声音比直接传入耳朵的声音多跑了很多路，所以人们总是先听到直接发出的声音，过一会儿才能听到反射回来的回声。

人的耳朵能分辨出回声的条件是：反射的声音具有足够大的强度，并且与原声的时间间隔超过 0.1 秒。如果障碍物与声源的距离较近，原声与回声的间隔不到 0.1 秒，它们就会混在一起，使人不易察觉。山谷里高山环绕，人和高山的距离比较远，喊叫的声音传出去以后，过了一会儿才被高山反射回来，人们就能听到独特的山谷回声。

生词 New Words

1. 山谷（名）	shāngǔ	mountain valley
2. 幽静（形）	yōujìng	tranquil, secluded, quiet
3. 高声（形）	gāoshēng	loud, aloud; in a high voice
4. 叫喊（动）	jiàohǎn	to shout, to cry
5. 难道（副）	nándào	Surely it doesn't mean that …; Could it be said that …
6. 四面八方	sìmiàn-bāfāng	far and near; all directions
7. 以（介）	yǐ	with, by
8. 形式（名）	xíngshì	form, shape
9. 假如（连）	jiǎrú	if
10. 过程（名）	guòchéng	process, course

11. 界面（名）	jièmiàn	surface
12. 总是（副）	zǒngshì	always
13. 耳朵（名）	ěrduo	ear
14. 条件（名）	tiáojiàn	condition
15. 强度（名）	qiángdù	intensity, strength
16. 超过（动）	chāoguò	to surpass
17. 声源（名）	shēngyuán	sound source
18. 混（动）	hùn	to mix
19. 察觉（动）	chájué	to sense
20. 环绕（动）	huánrào	to revolve around

练习 Exercises

一、根据课文判断正误：

1. 声音能传播出去，也能被反射回来。

2. 声音以声波的形式向四面八方传播。

3. 向外传播的声音遇到大的障碍物会反射回来。

4. 人们总是能听到反射回来的回声。

5. 即使障碍物与声源的距离很近，也能听到回声。

6. 回声的强度足够大，才能听到。

7. 回声与原声的时间间隔超过 0.1 秒，才能听到回声。

8. 幽静的山谷里，能清楚地听到独特的回声。

二、根据课文选择恰当的答案：

1. 人们能清楚地听到回声，下面哪个条件不对：

　　A. 障碍物足够大　　　　B. 回声与原声的时间间隔不到 0.1 秒

　　C. 回声的强度足够大　　D. 原声足够大

2. 这篇文章主要告诉我们：

　　A. 山谷里为什么有独特的回声

　　B. 声音以声波形式传播

　　C. 先听到原声，后听到回声

　　D. 人耳能分辨出回声的条件

三、根据课文回答问题：

　　在山谷里为什么能清楚地听到独特的回声？

课文二　为什么在坐满人的大厅里听不到回声？

 **课文 Text**

声音传播出去的时候，遇到障碍物，一部分被吸收，另一部分会被反射回来，所以人们能听到回声。

为什么在坐满人的大厅里就听不到回声了呢？这是因为大厅里坐满了人，人身上穿的柔软的衣服是非常好的吸声材料，人们柔软的皮肤也会吸收一部分声波，这样，我们就听不到回声了。

大厅里的回声，会影响演出、讲话的效果，因为在大厅里，第一个声音的回声还没有消失，第二个声音就发出来了，很多声音相继发出和形成，它们互相重合在一起，就会形成噪声。

为了消除回声，人们想了很多办法。声音碰到柔软的或者是表面上非常粗糙的物体时，就会被吸收，不会反射回来形成回声。所以在大礼堂、音乐厅、电影院等建筑里，人们把墙壁上和天花板上铺上柔软的、多孔的吸音材料，墙壁的某些部分还做得比较粗糙，加上柔软的帷幕等，对声音的吸收效果就更好了，反射回去的声波很少。

生词 New Words

1. 满（形）	mǎn	full
2. 大厅（名）	dàtīng	hall
3. 柔软（形）	róuruǎn	soft
4. 吸声（动）	xīshēng	sound absorption
5. 材料（名）	cáiliào	material
6. 讲话（动、名）	jiǎnghuà	to speak, to talk; talk
7. 消失（动）	xiāoshī	to disappear
8. 相继（副）	xiāngjì	in succession, one after another
9. 重合（动）	chónghé	to coincide
10. 噪声（名）	zàoshēng	noise
11. 消除（动）	xiāochú	to remove; to clear up
12. 办法（名）	bànfǎ	way, means

13. 表面（名）	biǎomiàn	surface
14. 粗糙（形）	cūcāo	coarse, rough, crude
15. 墙壁（名）	qiángbì	wall
16. 天花板（名）	tiānhuābǎn	ceiling
17. 铺（动）	pū	to pave, to lay, to surface
18. 多孔（形）	duōkǒng	porous
19. 加上（动）	jiāshàng	to add, to increase
20. 帷幕（名）	wéimù	heavy curtain

练习 Exercises

一、根据课文判断正误：

1. 声音遇到障碍物会全部反射回来。

2. 回声就是被障碍物反射回来的声音。

3. 坐满人的大厅里听不到回声。

4. 柔软的衣服是很好的吸声材料。

5. 人的皮肤也能吸收声波。

6. 多孔的材料能反射声波。

7. 表面粗糙的物体能吸收声波。

8. 回声不会影响演出、讲话的效果。

9. 光滑坚硬的材料也能吸收声波。

10. 音乐厅、剧场的墙壁上铺有柔软的或者多孔的材料。

二、根据课文选择恰当的答案：

1. 哪种材料不能吸收声波？

　A. 柔软的材料　　　　　B. 多孔的材料

　C. 粗糙的材料　　　　　D. 光滑坚硬的材料

2. 这篇课文主要讲的是：

　A. 噪声　　　　　　　　B. 建筑材料

　C. 声波的反射和吸收　　D. 消除回声的办法

三、根据课文回答问题：

为什么在坐满人的大厅里听不到回声？

 **Grammar Points**

合成词的构成方式（一）
Formation Rules of Compound Words (1)

合成词是由两个或两个以上的词素构成的。从构成词的词素之间的关系看，可以分为并列式、动宾式、动补式、重叠式、偏正式、主谓式、附加式七类。

A compound word is composed of two or more morphemes. Compound words may be classified into seven types depending on the relationships between the morphemes: parallel compound words, verb-object compound words, verb-complement compound words, reduplicated compound words, subordinate compound words, subject-predicate compound words and supplementary compound words.

并列式 Parallel Compound Words（1）

意义相同或相近的词素构成一个并列式新词，新词可能与原来词素的意义相同或相近。

A parallel compound word consists of morphemes which share the same or similar meanings. E.g.,

例如：眼睛、声音、语言、机械、宇宙、信息、朋友、意义、学习、帮助、考试、检查、制造、
生产、增加、计算、整齐、寒冷

有的新词与原来词素的意义不同，但是有某些联系。

Sometimes the meaning of a parallel compound word may be different from that of its morphemes, but it is never entirely unrelated. E.g.,

例如：包裹、矛盾、山水、字画

第五课
LESSON 5

课文一　水面上升还是下降？

课文 Text

　　在一次物理考试中，老师出了这样一个问题：一条装着石头的小船，浮在一个不大的水池中，船上的人把石头投进水里，水面的高度会不会发生变化？

　　你能回答这个问题吗？下面我们来讨论一下这个问题。

　　石头投入水中后，石头侵占了被水占据的空间，使池中的水面上升；而船因为重量变轻，向上浮起来，使水面下降。这有使水面上升的因素，也有使水面下降的因素。

　　我们知道，在水中的物体都受到向上的浮力，这个力的大小等于物体所排开的水的重量，同时，物体还受到重力的作用。浮力的方向是竖直向上的，而重力是竖直向下的，物体的浮沉要看浮力大还是重力大。浮力比重力大，物体上浮；重力比浮力大，物体下沉；浮力等于重力，物体可以停在水中任何地方，不上浮也不下沉。

　　在这个问题里，因为船和人是不变的，所以我们只考虑石头在船上还是在水里就可以了。石头在船上，排开的水的重量等于石头的重量；石头投入水中后，排开的水的重量只等于和同体积的水的重量。因为石头的比重比水的比重大，所以石头在船上排开的水的重量比石头在水里排开的水的重量大，也就是石头在水里时排开的水少。排开的水越少，池中的水面就越低。因此，船上的人把石头投入水中以后，池中水面的高度比原来降低了。

　　这个问题你回答对了吗？

 New Words

1. 上升（动）	shàngshēng	to go up; to ascend
2. 石头（名）	shítou	stone
3. 船（名）	chuán	boat, ship
4. 水池（名）	shuǐchí	pool
5. 投（动）	tóu	to project
6. 高度（名、形）	gāodù	altitude, height; highly; a high degree of
7. 发生（动）	fāshēng	to take place; to happen
8. 变化（动、名）	biànhuà	to change
9. 侵占（动）	qīnzhàn	to invade and occupy
10. 占据（动）	zhànjù	to occupy
11. 空间（名）	kōngjiān	space
12. 因素（名）	yīnsù	factor, element
13. 大小（名）	dàxiǎo	big or small; size
14. 同时（名）	tóngshí	at the same time
15. 重力（名）	zhònglì	gravity
16. 作用（动、名）	zuòyòng	to act on; function
17. 方向（名）	fāngxiàng	direction
18. 竖直（形）	shùzhí	vertical
19. 考虑（动）	kǎolù	to consider
20. 同（形）	tóng	same
21. 比重（名）	bǐzhòng	specific gravity

练习 Exercises

一、根据课文判断正误：

1. 物体在水中受到的浮力的大小，等于它所排开的水的重量。

2. 物体在水中受到的浮力的方向是竖直向上的。

3. 物体的浮沉与物体的重量和它受到的浮力有关系。

4. 在船上石块排开的水的重量等于石头的重量。

5. 石块在水中所排开的水的重量也等于石头的重量。

6. 石头在水里排开的水的重量比石头在船上排开的水的重量少。

7. 石头在船上受到的浮力比它在水里时受到的浮力大。

8. 石块排开的水越少，池中的水面就越高。

二、根据课文选择恰当的答案：

1. 物体在水中受到的浮力与哪个因素有关系？
   A. 物体的重量　　　　　　　B. 物体的成分
   C. 物体的体积　　　　　　　D. 物体的形状（xíngzhuàng shape）

2. 物体可以悬浮在水中任何地方，条件是：
   A. 物体的重量比它受到的浮力大
   B. 物体的重量比它受到的浮力小
   C. 物体的重量不比它受到的浮力大
   D. 物体的重量等于它受到的浮力

3. 石块在船上所排开的水比在水中所排开的水：
   A. 多　　　　B. 少　　　　C. 更少　　　　D. 不多也不少

4. 船上的石块投入水中以后，水面的高度比原来：
   A. 上升了　　　B. 下降了　　　C. 更高了　　　D. 没上升也没下降

三、根据课文回答问题：

1. 课文中的考试题是什么？
2. 船上的石块投入水中后，小水池的水面发生了什么变化？为什么？

课文二　鸡蛋的浮沉

　　新鲜的鸡蛋在水中会沉底，而坏了的鸡蛋却会浮起来。人们可以用这个办法检查鸡蛋是不是新鲜的。

　　我们用物理学的道理来解释一下这种现象。因为新鲜鸡蛋的重量比同体积水的重量大，也就是在水中受到的浮力比它受到的重力小，所以鸡蛋会沉到水底。相反，坏鸡蛋的重量比同体积水的重量小，也就是在水中受到的浮力比它受到的重力大，所以鸡蛋会浮起来。

　　如果鸡蛋不是放在清水里，而是放在盐水里，这个办法就不一定行了。之所以会这样，是因为在体积相同的情况下，盐水比清水要重。当我们用的盐水达到一定的浓度时，放在盐水里鸡蛋的重量就比它排开的盐水的重量小，因此鸡蛋就会浮在上面。

那么，有没有办法使鸡蛋在水中不沉也不浮？放在水里什么地方，鸡蛋就悬在什么地方？

把鸡蛋放进水里，如果沉了底，就加些浓盐水；如果它浮起来了，就在加些清水。这样试几次，就得到了浓度合适的盐水。鸡蛋在这种盐水里可以任意悬浮。

生词 New Words

1. 鸡蛋（名）	jīdàn	(hen's) egg
2. 新鲜（形）	xīnxiān	fresh
3. 却（副）	què	but, yet
4. 解释（动）	jiěshì	to explain
5. 清水（名）	qīngshuǐ	fresh water
6. 之所以（连）	zhīsuǒyǐ	*used to introduce the consequence or result of an action*
7. 浓度（名）	nóngdù	concentration, consistency
8. 浓（形）	nóng	concentrated, thick
9. 任意（形、副）	rènyì	any, arbitrarily
10. 悬浮（动）	xuánfú	to suspend, to float

练习 Exercises

一、根据课文判断正误：

1. 新鲜的鸡蛋在水中会沉底。
2. 把鸡蛋放入水中，浮起来的是坏鸡蛋。
3. 新鲜鸡蛋的重量比同体积水的重量大。
4. 新鲜鸡蛋在水中受到的浮力比它的重量小。
5. 坏鸡蛋在水中受到的浮力比同体积水的重量大。
6. 新鲜鸡蛋在水中受到的浮力比坏鸡蛋小。
7. 用盐水不能检查鸡蛋是不是新鲜的。
8. 在一定浓度的盐水里，可以使鸡蛋悬浮在任何地方。

二、根据课文回答问题：

1. 怎样检查鸡蛋是不是新鲜的？
2. 新鲜鸡蛋在清水中为什么会沉底？

3. 坏鸡蛋在清水中为什么会浮起来？

4. 怎样才能使鸡蛋在水中任意悬浮？

语法知识 Grammar Points

合成词的构成方式（二）
Formation Rules of Compound Words (2)

并列式 Parallel Compound Words（2）

意义相对或相反的词素并列起来构成一个并列式新词。

A parallel compound word is formed of two morphemes which are contrary to each other in meaning:

① 两个意义相反的形容词性词素构成一个新词。

Two adjectival morphemes which are opposite to each other in meaning can form a parallel compound word. E.g.,

例如：大小、快慢、高低、早晚、长短、宽窄

② 两个意义相反的动词性词素构成一个新词。

Two verbal morphemes which are contrary in meaning can form a parallel compound word. E.g.,

例如：买卖、开关、动静、呼吸、往返、收发、升降、来回

③ 两个意义相对的名词性词素构成一个新词。

Two nominal morphemes which are contrary in meaning can form a parallel compound word. E.g.,

例如：东西、左右、上下、前后、矛盾、阴阳

第六课
LESSON 6

课文一　桌子为什么压不坏？

课文 Text

　　我们知道，地球被一层空气包围着，这层空气叫做大气。地球上共有 5000 万吨重的大气。在靠近地面的地方，由于地球的引力特别大，所以空气的密度就很大。离地面越高，地球的引力越小，空气的密度也就越小。有 9/10 的空气处于 16 公里以下的大气层里，到了 260 公里的高空，空气的密度就只有地面密度的 100 亿分之一了。

　　由于空气有重量，所以空气对任何物体都有压力。实验证明，地面每平方厘米受到的大气压力是 1.033 公斤，也就是说，地面上的大气压强是 1.033 公斤 / 厘米^2。大气压强通常叫做大气压。我们计算一下就会知道，一张 1 平方米大小的桌面会受到 10 吨多的大气压力。既然桌子受到这样大的压力，为什么不会被压坏呢？

　　在一般情况下，空气总是从各个方向包围着物体，所以它的压力也同时从各个方向压在物体上。一张桌子上受到 10 吨向下的大气压力，同时下面也受到 10 吨向上的大气压力；侧面还受到一对大小相等、方向相反的大气压力。这些压力正好互相平衡、互相抵消。结果就等于桌子没有受到压力。所以桌子不论放多长时间，都不会由于大气压力而被压坏。

生词 New Words

1. 包围（动）	bāowéi	to surround
2. 亿（量）	yì	a hundred million
3. 吨（量）	dūn	ton, *a measure word*
4. 处于（动）	chǔyú	to be in
5. 公里（量）	gōnglǐ	kilometre (km)
6. 大气层（名）	dàqìcéng	atmospheric layer
7. 高空（名）	gāokōng	high altitude; high up in the air
8. 证明（动、名）	zhèngmíng	to prove; certificate

9. 压强（名）	yāqiáng	pressure
10. 通常（形）	tōngcháng	usually, ordinarily
11. 侧面（名）	cèmiàn	side plane; lateral face
12. 对（量）	duì	pair of
13. 相等（动）	xiāngděng	to be equal
14. 平衡（动、形、名）	pínghéng	to balance; equilibrium
15. 结果（名）	jiéguǒ	result, answer

练习 Exercises

一、根据课文判断正误：

1. 地球被一层空气包围着。

2. 越靠近地面，地球的引力越大。

3. 离地面越高，空气的密度越小。

4. 有 9/10 的空气处于 16 公里以下的大气层里。

5. 因为空气有重量，所以它对任何物体都有压力。

6. 地面每平方厘米受到的大气压力是 1.033 公斤。

7. 1 平方米大小的桌面受到 1 吨多重的大气压力。

8. 在地球上，物体的各个方向上都受到大气的压力。

9. 放在地面上的桌子没有受到大气的压力。

10. 桌子在各方向上受到的大气压力互相平衡、互相抵消。

二、根据课文回答问题：

桌子受到很大的大气压力，为什么不会被压坏呢?

课文二　一吨木头和一吨铁

 **Text**

1 吨木头和 1 吨铁，哪种物体的实际重量大？人们会说，1 吨就是 1 吨，不论什么物质，如果是 1 吨，称起来在秤上都会指示出 1000 千克。

但是也可能有人会说，1 吨木头的实际重量比 1 吨铁重。哪种说法是正确的呢？

我们知道，由于空气浮力的作用，物体在空气中都会失去一部分重量，这重量和它排开的同体积的空气的重量相等。既然这样，在求物体的实际重量时，就应该把它失去的重量算进去。

木头的实际重量等于 1 吨再加上木头排开的空气的重量，而铁的实际重量等于 1 吨再加上铁排开的空气的重量。

由于 1 吨木头的体积大约是铁的 16 倍，因此木头排开的空气的重量就比铁排开的空气的重量大。经过计算，可以知道，1 吨铁和 1 吨木头排开的空气的重量分别是 0.16 千克和 2.58 千克，它们相差 2.42 千克。也就是说，1 吨木头实际上比 1 吨铁大约重 2.42 千克。

日常生活中，人们不会注意到这种影响，但是把 1 吨木头和 1 吨铁放到 50 公里深的矿井底下，我们会立刻发现它们的不同。

矿井越深，底下的空气密度越大，到了地面下 50 公里深的地方，空气密度差不多是水的密度的一半，比平常的空气密度大得多，比木头的密度稍大。在这样的空气中，木头受到的浮力比它的重量大，所以它就会像气球一样升起来，一直升到自己的密度和空气的密度相等时才停下来，而铁还是留在矿井底。

生词　New Words

1. 实际（名、形）	shíjì	reality, practice; actual
2. 秤（名）	chèng	balance, scale
3. 指示（动、名）	zhǐshì	to indicate; to point out
4. 说法（名）	shuōfa	version, statement
5. 正确（形）	zhèngquè	proper, correct
6. 失去（动）	shīqù	to lose
7. 求（动）	qiú	to evaluate, to find
8. 算（动）	suàn	to calculate, to solve

9. 倍（量）	bèi	times
10. 分别（副、动）	fēnbié	respectively; to be apart
11. 日常（形）	rìcháng	day-to-day
12. 深（形）	shēn	deep
13. 矿井（名）	kuàngjǐng	mine
14. 底下（名）	dǐxià	bottom
15. 立刻（副）	lìkè	immediately; at once
16. 稍（副）	shāo	a little, a bit; slightly
17. 像（动）	xiàng	to be like
18. 气球（名）	qìqiú	balloon
19. 一样（形）	yíyàng	same; as … as …
20. 升（动）	shēng	to go up; to rise

练习 Exercises

一、根据课文判断正误：

1. 在空气中，1吨铁的实际重量比1吨木头重。

2. 在空气中，1吨铁的实际重量比1吨木头轻。

3. 因为空气有浮力，所以物体在空气中都会失去一部分重量。

4. 物体的实际重量等于它在空气中的重量加上它排开的空气的重量。

5. 1吨木头的体积比1吨铁大很多。

6. 在空气中，1吨铁受到的浮力比1吨木头大。

7. 在空气中，1吨木头受到的浮力比1吨铁大。

8. 在空气中物体的体积越大，受到的浮力也越大。

9. 在空气中物体受到的浮力与空气的密度有关系。

10. 物体在地面上和在深矿井中受到的浮力一样。

二、根据课文回答问题：

1. 在空气中，1吨木头和1吨铁，哪种物体的实际重量大？为什么？

2. 把1吨木头和1吨铁放到深矿井中，会发生什么现象？为什么？

 **Grammar Points**

合成词的构成方式（三）
Formation Rules of Compound Words (3)

动宾式 Verb-Object Compound Words

合成词的动宾式是由一个动词性词素加一个宾语性词素构成的。

If a compound word is formed by a monosyllabic verb and its object, it is called a verb-object compound word. E.g.,

例如：注意、司机、进步、有趣、加热、保温、鼓掌、跳舞

挂号、签名、录音、发光、导电、拨号、生锈、成像

第七课
LESSON 7

课文一 地球的大衣

课文 Text

地球有一件大衣，这就是包围着它的大气层。

地球大气中的主要成分是氮和氧，还有二氧化碳、水蒸气和灰尘等。

地球在运行的时候，向着太阳的一面是白天，背着太阳的一面是黑夜。

白天太阳射向地球的热量是很多的。地球的这件大衣把一部分热量反射出去，使地面的温度不会太高。到了晚上，就没有热射到地球上来了。这时候，这件大衣就不让热向外边散失，使地面的温度不会降得太低。因此，这件大衣，既可以使地面温度不会太高，又可以使地面温度不会太低。

如果地球没有这件大衣，向着太阳的一面温度就会很高，地球上的水就会变成水蒸气跑掉；背着太阳的一面温度就会很低，会变成冰的世界。月球没有这样的大衣，所以月球上温度变化很大，白天和晚上可以相差300℃。在这样的条件下，不管是人还是别的生物，都不能生存。

地球的大衣不但调节了地面上的温度，而且阻挡了很多对生物有害的射线，使这种射线只有很少一部分能射到地面上来。

生词 New Words

1. 大衣（名）	dàyī	overcoat
2. 氮（名）	dàn	nitrogen (N)
3. 灰尘（名）	huīchén	dust
4. 运行（动）	yùnxíng	to be in motion
5. 向着（动）	xiàngzhe	to face; to turn towards
6. 一面（名）	yímiàn	side
7. 背（动）	bèi	to have one's back towards
8. 射（动）	shè	to send out

9. 散失（动）	sànshī	to be lost
10. 调节（动）	tiáojié	to regulate
11. 阻挡（动）	zǔdǎng	to obstruct
12. 有害（形）	yǒuhài	harmful
13. 射线（名）	shèxiàn	ray

练习 Exercises

一、根据课文判断正误：

1. 地球的周围有大气层。

2. 太阳每天射向地球的热量是很多的。

3. 地球运行时，背着太阳的一面是白天。

4. 地球大气层能把太阳射向地球的一部分热量反射回去。

5. 地球大气层可以阻挡地面上的热量向外散失。

6. 地球大气层只能调节地面上的温度。

7. 月球的周围也有大气层。

8. 如果地球没有大气层，生物也能生存下去。

9. 月球上温度的变化要比地球上大得多。

10. 地球大气层能全部阻挡对地球生物有害的射线。

二、根据课文选择恰当的答案：

1. 地球的大衣指的是：

   A. 衣服　　　　B. 地面　　　　C. 大气层　　　　D. 空气

2. 这篇课文主要讲的是：

   A. 地球上有白天和晚上　　　B. 地球大气层的作用

   C. 月球上没有生物　　　　　D. 地球大气的成分

3. 这篇课文没有谈到：

   A. 月球上温度变化很大　　　B. 月球上没有水

   C. 月球上没有大气层　　　　D. 月球上没有生物

4. 地球大气的主要成分是：

   A. 水蒸气　　　　　　　　　B. 二氧化碳

   C. 灰尘　　　　　　　　　　D. 氮和氧

5. 地球大气层的主要作用是：

   A. 使地球上有白天和晚上

   B. 只能调节地面上的温度

C.阻挡全部对地球有害的射线

D.既能调节地面上的温度，又可以阻挡对地球有害的大部分射线

三、根据课文回答问题：

（1）地球上为什么会有白天和黑夜？

（2）为什么地球上白天和晚上的温度相差不大？

（3）如果地球周围没有大气层，会发生什么现象？

（4）地球周围的大气层有什么作用？

课文二　金　星

 Text

金星跟地球一样，都是行星。从地球上看，除了太阳、月亮以外，金星是天空中最亮的星。金星和地球不但大小差不多，而且密度差别也很小。人们喜欢把金星和地球叫做孪生姐妹。

地球上不但有人，而且有其他各种生命物质。那么金星上有人吗？有其他生命物质吗？这是人们一直关心的问题，但是这个问题的解决是近几年的事。

科学家很早就知道金星周围有一层大气，由于它的存在，我们即使用最好的望远镜也看不清楚金星的固体表面。近几年来，装有仪器的飞船飞入金星大气层，并降落在金星上，这给研究金星创造了很好的条件。

金星大气中的主要成分是二氧化碳，约占97%。水蒸气很少很少，只占1/1000。高层大气主要是氧原子。金星大气的密度是地球大气密度的100倍，金星表面的大气压是地球大气压的90倍。金星离太阳比较近，所以金星上热得很。金星大气顶部的温度是333℃，金星固体表面的温度是480℃。在这样高的温度下，一些金属也会很快地熔化。

从上边的情况看，金星上没有生物生活的条件，所以也不可能有生命。

生词 New Words

1.	金星（名）	Jīnxīng	Venus
2.	行星（名）	xíngxīng	planet
3.	除了……以外	chúle…yǐwài	except, besides
4.	天空（名）	tiānkōng	sky
5.	亮（形）	liàng	bright, light, shining
6.	星（名）	xīng	star
7.	差别（名）	chābié	disparity, difference
8.	孪生（形）	luánshēng	twin
9.	望远镜（名）	wàngyuǎnjìng	telescope
10.	固体（名）	gùtǐ	solid
11.	仪器（名）	yíqì	instrument
12.	飞船（名）	fēichuán	spaceship
13.	降落（动）	jiàngluò	to land; to touch down
14.	创造（动）	chuàngzào	to create
15.	约（副）	yuē	about, approximately
16.	占（动）	zhàn	to make up
17.	原子（名）	yuánzǐ	atom
18.	顶（名）	dǐng	top
19.	金属（名）	jīnshǔ	metal
20.	熔化（动）	rónghuà	to melt

练习 Exercises

一、根据课文判断正误：

1. 金星和地球都是行星。

2. 金星和地球的大小差不多。

3. 金星是天空中最亮的星。

4. 飞船飞入金星，科学家才知道金星周围有一层大气。

5. 人们很早就知道金星上没有生命物质。

6. 金星周围的大气使地球上的人们看不清楚金星表面的情况。

7. 金星大气里有氮气。

8. 金星密度是地球密度的 100 倍。

9. 金星上的温度很高。

10. 金星周围的大气和地球周围的大气一样。

二、根据课文选择恰当的答案：

1. 人们把金星和地球叫做孪生姐妹，是因为：

   A. 它们都是行星   B. 它们周围都有一层大气

   C. 它们大小差不多，密度差别也很小   D. 金星很亮

2. 金星大气的主要成分是：

   A. 氧气   B. 二氧化碳   C. 氮气   D. 水蒸气

3. 金星大气的密度比地球：

   A. 小   B. 大得多   C. 差不多   D. 大点儿

4. 金星上温度比地球：

   A. 稍高   B. 稍低   C. 差不多   D. 高得多

5. 金星上为什么没有生命？因为：

   A. 没有水   B. 没有阳光   C. 没有空气   D. 温度很高

6. 本课讲的主要内容是：

   A. 金星表面的大气   B. 金星上没有生命

   C. 金星的概况   D. 为什么要研究金星

三、根据课文回答问题：

比较一下地球和金星，看看它们有哪些相同之处和不同之处。

 **Grammar Points**

合成词的构成方式（四）
Formation Rules of Compound Words (4)

动补式 Verb-Complement Compound Words

合成词中，由一个动词性词素加一个补语性词素可以构成动补式的词。

If a compound word is composed of a monosyllabic verbal morpheme and a monosyllabic complementary morpheme, it is known as a verb-complement compound word. E.g.,

例如：溶解、输入、打开、引进、批准、减轻、加大、接通、加快

　　　证明、提高、降低、稀释、扩散、缩小、升高、形成、充满

第八课
LESSON 8

课文一　能被 11 整除的数

 **Text**

　　有时，我们需要判断一个多位数是不是能被另一个数整除。要回答这个问题，只要弄清楚能被整除的多位数的特征，马上就能得出结果，不必用直接相除的方法。

　　一个能被 11 整除的多位数具有什么特征呢？

　　要是一个多位数的奇数位（个位、百位、万位……）上的数字的和，与偶数位（十位、千位、十万位……）上的数字的和相等，或者这两个和的差能被 11 整除，这个多位数就能被 11 整除。反之，如果这两个和不相等，而且这两个和的差不能被 11 整除，那么，这个多位数就不能被 11 整除。

　　例如，要判断 2918091 是不是能被 11 整除，我们可以先算出奇数位上的数字的和，再算出偶数位上的数字的和，也就是：

$$S_1 = 2 + 1 + 0 + 1 = 4$$
$$S_2 = 9 + 8 + 9 = 26$$

　　显然，这两个和不相等，但是 S_1 与 S_2 的差是 22，能被 11 整除。根据能被 11 整除的数的特征，可以知道 2918091 能被 11 整除。

生词 New Words

1. 整除（动）	zhěngchú	to be divided equally
2. 有时（副）	yǒushí	sometimes
3. 判断（动）	pànduàn	to judge, to decide
4. 多位数（名）	duōwèishù	multi-digit number
5. 弄（动）	nòng	to do, to manage, to handle
6. 具有（动）	jùyǒu	to have
7. 特征（名）	tèzhēng	characteristic, feature

8. 不必（副）	búbì	no need
9. 相除（动）	xiāngchú	to divide by
10. 奇数（名）	jīshù	odd number
11. 偶数（名）	ǒushù	even number
12. 十万（数）	shíwàn	one hundred thousand
13. 反之（连）	fǎnzhī	otherwise

 Exercises

一、根据课文选择恰当的答案：

一个数的个位、百位、万位……上的数字的和是 S_1，十位、千位、十万位……上的数字的和是 S_2。

1. 一个多位数具有什么特征，不能被 11 整除？

   A. S_1 与 S_2 相等

   B. $S_1 - S_2$ 能被 11 整除

   C. S_1 与 S_2 不相等，但 $S_1 - S_2$ 能被 11 整除

   D. S_1 与 S_2 不相等，$S_1 - S_2$ 也不能被 11 整除

2. 下列哪些数能被 11 整除？

   A. 2900310   B. 1023803   C. 2968801   D. 8029875

二、根据课文回答问题：

一个多位数具有什么特征才能被 11 整除呢？

课文二　坐船渡河

课文 Text

有这样一道数学题：在码头上有 867 个同学准备坐船渡河。后来来了一些船，每条船上坐的人数相等，三次就全部渡过河去了。你知道一共有多少船，每条船上坐了多少人吗？

我们先分析一下题意。867 个学生要三次渡过河去，867 必须是 3 的倍数，867 除以 3 等于 289。如果是 289 条船，每条船上只坐 1 个人，三次就能渡过河去，但是这不符合实际情况。

要是一条船，每次坐 289 个人，三次也能全部渡过河去，但是这种情况也不符合题意。那么，289 是哪两个数的乘积呢？这是一个求因数的问题。

289 的个位数字不是偶数和零，也不是 5，所以它不是 2、4、8 和 5 的倍数。289 三位数之和等于 19，不是 3 的倍数，所以 3、6 和 9 不是它的因数。

7 是不是 289 的因数呢？试一试，7 也不是它的因数，所以 10 以内没有它的因数。

以 11、13 和 17 试除的结果，知道 17×17 等于 289，所以正确的答案应该是 17 条船，每船上坐 17 个同学，三次正好全部渡过河去。

生词 New Words

1. 渡（河）（动）	dù(hé)	to cross (a river)
2. 码头（名）	mǎtóu	dock
3. 后来（名）	hòulái	afterwards
4. 人数（名）	rénshù	number of people
5. 分析（动）	fēnxī	to analyse
6. 题意（名）	tíyì	meaning of problems
7. 倍数（名）	bèishù	multiple
8. 除以（动）	chúyǐ	to be divided by
9. 因数（名）	yīnshù	factor
10. 之（助）	zhī	of
11. 以内（名）	yǐnèi	within
12. 除（动）	chú	to divide

练习 Exercises

一、根据课文判断正误：

1. 867 能被 3 整除。

2. 867 的因数有三个：2、17、17。

3. 289 是偶数。

4. 289 是 17 和 17 的乘积。

5. 289 三位数之和等于 19。

6. 一条船，每次坐 289 个人，867 个人三次能全部渡过河去。

7. 289 条船，每船坐 1 个人，867 个人三次能全部渡过河去。

8. 17 条船，每船坐 17 个人，867 个人三次能全部渡过河去。

二、根据课文回答问题：

　1. 这课的数学题是什么?

　2. 这道数学题的正确答案是什么? 你是怎样得出来的?

合成词的构成方式（五）
Formation Rules of Compound Words (5)

重叠式 Reduplicated Compound Words

用词重叠的方式构成一个新词。

A reduplication of a morpheme can form a compound word. E.g.,

例如：爸爸、妈妈、谢谢、刚刚、稍稍、往往

第九课
LESSON 9

课文一　蜂巢的形状

 **Text**

你一定看见过蜜蜂的蜂巢吧?

从正面看上去，蜂巢是由许许多多大小相同的六角形组成的，而且排列得非常整齐；从侧面看，蜂巢是由许多六棱柱紧密地排列在一起构成的；如果你再认真观察这些六棱柱的底面，你会更惊讶，它们不再是六角形的，既不是平的，也不是圆的，而是尖的，是由三个完全相同的菱形组成的。

蜂巢的这种奇妙的结构早就引起了人们的注意，为什么蜜蜂要把自己的蜂巢做成六角形的呢? 难道这里有什么奥秘吗?

有人想到：是不是蜜蜂为了节约蜂蜡，又要保证蜂窝的空间很大，才把蜂巢做成六角形的形状呢?

经过数学家的计算，结果证实了这种猜测是完全正确的。

蜂巢的特殊结构真是大自然的奇迹啊!

生词　New Words

1. 六角形（名）	liùjiǎoxíng	hexagon
2. 正面（名）	zhèngmiàn	front
3. 组成（动）	zǔchéng	to compose; to consist of
4. 排列（动）	páiliè	to arrange
5. 整齐（形）	zhěngqí	in good order; tidy
6. 六棱柱（名）	liùléngzhù	hexagonal prism
7. 紧密（形）	jǐnmì	close together

8. 底面（名）	dǐmiàn	bottom, base
9. 惊讶（形）	jīngyà	surprised, astonished
10. 不再（动）	búzài	no longer; no more
11. 平（形）	píng	level, flat
12. 圆（形、名）	yuán	round, circular
13. 尖（形、名）	jiān	pointed; point
14. 完全（副、形）	wánquán	fully, complete
15. 菱形（名）	língxíng	rhombus
16. 引起（动）	yǐnqǐ	to cause
17. 保证（动）	bǎozhèng	to guarantee, to pledge
18. 证实（动）	zhèngshí	to confirm, to verify
19. 猜测（动）	cāicè	to guess, to surmise
20. 特殊（形）	tèshū	special

练习 Exercises

一、根据课文判断正误：

1. 从正面看，蜂巢是由许多六角形组成的。

2. 这些六角形排列整齐，大小不同。

3. 从侧面看，蜂巢是由许多六棱柱构成的。

4. 这些六棱柱是紧密地排列在一起的。

5. 从底面看，六棱柱的底面是平的。

6. 从底面看，六棱柱的底面是尖的。

7. 六棱柱的底面是由三个相同的菱形组成的。

8. 蜂巢的特殊结构是蜜蜂为了节约蜂蜡。

9. 蜂巢的特殊结构可以使蜂巢的空间足够大。

10. 蜂巢的特殊结构是大自然的奇迹。

二、根据课文回答问题：

1. 蜜蜂的蜂巢结构有什么特点？

2. 蜜蜂为什么把蜂巢做成这样的特殊结构？

课文二　圆周率

 **Text**

　　祖冲之（公元 429—500 年）是中国古代的科学家。他对数学、机械制造都有很深的研究。他是世界上第一位把圆周率数值精确地推算到小数点后第七位的人。

　　我们知道，圆周率就是圆的周长跟它的直径的比值，通常用 π 表示。

　　中国古代最早求出的圆周率是 3。以后，有人算出的是 3.1547，有人算出的是 3.1622。这些数都比 3 更接近 π，但是还很不精确。到了公元 260 年，中国的数学家刘徽用割圆术来求圆周率，才使圆周率的研究得到了很大的发展。

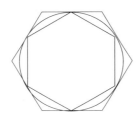

　　用割圆术求圆周率的方法是这样的：先做一个圆，再在圆内做一个内接正六边形。如果圆的直径是 2，半径就是 1。要是把内接正六边形的周长，看成是圆的周长，再除以 2。圆周率就是 3。我们从左图中可以看到，正六边形的周长比圆的周长小得多，所以这个数是很不精确的。

　　如果把内接正六边形变成正十二边形，它的周长更接近于圆的周长。如果圆内接正多边形的边数增加到无限多，多边形的周长就会等于圆的周长，但是实际上是做不到的，所以用割圆术的方法求出的数总小于 π。

　　刘徽把圆内接正多边形的边数增加到 96，求出的圆周率是 3.141024。祖冲之在刘徽研究的基础上，继续计算，最后他算出的结果是两个：一个数是 3.1415927，一个是 3.1415926。圆周率 π 正好是在这两个数中间。

New Words

1. 圆周率（名）	yuánzhōulǜ	pi (π)
2. 公元（名）	gōngyuán	the Christian era; AD
3. 数值（名）	shùzhí	numerical value
4. 精确（形）	jīngquè	accurate

5. 推算（动）	tuīsuàn	to calculate
6. 小数（名）	xiǎoshù	decimal
7. 点（名）	diǎn	point
8. 直径（名）	zhíjìng	diameter
9. 比值（名）	bǐzhí	specific value; ratio
10. 接近（动）	jiējìn	to be close to; to approach
11. 割圆术（名）	gēyuánshù	a method to find the value of pi (π)
12. 进展（动）	jìnzhǎn	to make progress
13. 内接（动）	nèijiē	to inscribe
14. 于（介）	yú	to, at, in
15. 无限（形）	wúxiàn	limitless
16. 总（副）	zǒng	always
17. 小于（动）	xiǎoyú	to be less than; to be smaller than
18. 边（名）	biān	side
19. 基础（名）	jīchǔ	basis

专名 Proper Names

| 1. 祖冲之 | Zǔ Chōngzhī | *name of a person* |
| 2. 刘徽 | Liú Huī | *name of a person* |

练习 Exercises

一、根据课文判断正误：

1. 祖冲之是中国古代的科学家。

2. 祖冲之把圆周率数值精确地推算到小数点后第七位。

3. 圆的周长跟它的直径的比值叫做圆周率。

4. 圆周率通常用 π 表示。

5. 中国古代的数学家曾经用割圆术来求圆周率。

6. 圆的内接正多边形的边数越多，用它推算出的圆周率越精确。

7. 把圆内接正多边形的周长看成圆的周长，用它推算出来的圆周率数值总大于 π。

8. 祖冲之推算出的圆周率数值有两个，非常接近于圆周率 π。

二、根据课文回答问题：

中国古代的科学家是怎样推算圆周率 π 的？

语法知识 Grammar Points

合成词的构成方式（六）
Formation Rules of Compound Words (6)

合成词中最常见的一种是以一个词素为中心，另一个或几个词素在中心词素前边起修饰、限制或分类的作用。这种结合的形式叫偏正式。

A subordinate compound word is one in which the second character is the main object, while the first character is the modifier.

偏正式 Subordinate Compound Words（1）

两个名词性词素构成一个偏正式的新词。

Two nominal morphemes can form a subordinate compound word. E.g.,

例如：米饭、蛋糕、牛肉、地图、钢笔、磁带、画报、辞典

气温、民歌、热量、电脑、电话、机场、地铁、汉语

课文一 谁算得对?

 **Text**

　　星期天，王强和张明去看张老师。张老师教他们物理。这天很热，张老师拿起凉水瓶给每人倒了一杯水，然后又把凉水瓶装满水。

　　他们聊了一会儿。张老师问他们学习有什么困难没有，他们觉得物理不太难，没有什么困难。老师让他们两个看那个装满水的凉水瓶，对他们说："这个凉水瓶的高是 15 厘米，底面积是 300 厘米^2，体积是 2400 厘米^3。你们计算一下，瓶底受到的水的压强和压力是多少？"老师给他们拿来了纸和笔。

　　他们都觉得这个问题很容易，一会儿就都算出来了。王强是这样做的：凉水瓶底受到的压力就是水的重量，等于水的比重乘以体积：

　　1 克 / 厘米^3×2400 厘米^3 = 2400 克；

　　压强等于压力除以受力面积：

　　2400 克 ÷300 厘米^2 = 8 克 / 厘米^2。

　　张明的结果是这样的：凉水瓶底受到的液体的压强等于液体比重乘以高：

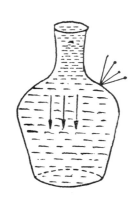 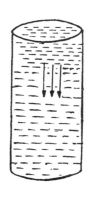

　　1 克 / 厘米^3×15 厘米 = 15 克 / 厘米^2；

　　压力等于压强和受力面积的乘积：

　　15 克 / 厘米^2×300 厘米^2 = 4500 克。

　　王强不明白：水的重量才 2400 克，为什么瓶底受到的压力会是 4500 克呢？他想，张明一定算错了。

　　老师没说谁做得对，他说："固体和液体传递压强和压力的规律是不一样的，作用在固体一端的力，能按照原来的大小传递到固体的另一端，压强随面积的不同而变化。可是，液体就不同了。作用在密闭容器里液体上的压强，会按照原来的大小由液体向各个方向传递。"老师指着凉水瓶说："如果瓶的肩部有个洞，那么水就会喷出来。这说明，液体向各个方向都会产生压强，这地方的压强等于凉水瓶上部那段小液柱产生的压强。凉水瓶肩部没有洞，水没有喷出来，这是因为容器壁产生一个向下的压强，挡住了液体。这个压强也要由液体传递到瓶底，所以凉水瓶底受到的压力和同高同底面积的容器底受到的压力是一样的。"

听了老师的讲解以后，你知道谁算对了吗？

生词 New Words

1. 凉水瓶（名）	liángshuǐpíng	carafe
2. 杯（名）	bēi	cup
3. 高（名）	gāo	height
4. 端（名）	duān	end
5. 随（动）	suí	to follow
6. 指（动）	zhǐ	to point
7. 肩（名）	jiān	shoulder
8. 喷（动）	pēn	to spurt
9. 段（量）	duàn	section, *a measure word*
10. 液柱（名）	yèzhù	water column
11. 壁（名）	bì	wall
12. 挡（动）	dǎng	to keep off

练习 Exercises

一、根据课文判断正误：

1. 凉水瓶底受到的压力等于水的比重和凉水瓶体积的乘积。
2. 凉水瓶底受到的压力等于瓶底受到的水的压强和瓶底受力面积的乘积。
3. 凉水瓶底受到的水的压强等于水的比重乘以凉水瓶的高。
4. 固体和液体传递压力和压强的规律是相同的。
5. 作用在固体一端的力，可以按照原来的大小传递到固体的另一端。
6. 作用在固体上的压力，会按照原来的大小向各个方向传递。
7. 作用在液体上的压力，会按照原来的大小向各个方向传递。
8. 作用在密闭容器里液体上的压强，会按照原来的大小向各个方向传递。
9. 液体对容器底和器壁都有压强。
10. 液体的压强跟液体的重量和体积都没有关系。

二、根据课文回答问题：

1．这篇课文中的物理题是什么？
2．王强和张明谁计算对了？请你说一下他是怎么计算的。

课文二　哪一个压强大？

 **课** **文** **Text.**

当你看到火车在铁轨上行驶的时候，可能会想铁轨受到车轮的压力很大。如果这时有人对你说，唱机的唱针对唱片的压强，比车轮对铁轨的压强还要大，你相信吗？

你可能会说，唱机机头的重量还不到一公斤，把唱机的重量都加上也没有多重。如果唱针对唱片的压强比车轮对铁轨的压强大，那么唱片为什么压不坏呢？

我们来讨论一下这个问题：

因为垂直作用于物体单位面积上的压力叫压强，所以不能把压强看成是压力。如果压力和受力面积分别用 F 和 S 表示，那么压强就可以通过 $P = \dfrac{F}{S}$ 计算出来。我们知道，唱针针尖的面积非常小，在 1 平方厘米的面积上可以放满 10000 个针尖。如果唱针承受机头的重量是 1/10 公斤，那么 10000 根唱针加在 1 平方厘米上的总压力就是 1 吨重。因此，唱针对唱片的压强就是每平方厘米 1 吨重。

火车的总重量是很大的，但是承受这个重量的车轮压在铁轨上的面积也很大。按照上面的算法，可以算出车轮对铁轨的压强。我们会发现，每平方厘米的铁轨上受到的压力要比每平方厘米唱片上受到的压力小得多。

这么大的压强为什么不会把唱片压坏呢？这是因为唱片承受的压力是静压力，而不是冲击上去的动压力。

生词 New Words

1.	铁轨（名）	tiěguǐ	rail
2.	行驶（动）	xíngshǐ	to run, to move
3.	车轮（名）	chēlún	wheel
4.	唱机（名）	chàngjī	gramophone
5.	唱针（名）	chàngzhēn	gramophone needle
6.	唱片（名）	chàngpiàn	gramophone record
7.	相信（动）	xiāngxìn	to believe
8.	机头（名）	jītóu	gramophone pick-up
9.	讨论（动）	tǎolùn	to discuss
10.	垂直（形）	chuízhí	vertical
11.	单位（名）	dānwèi	unit
12.	针尖（名）	zhēnjiān	pinpoint
13.	承受（动）	chéngshòu	to bear
14.	算法（名）	suànfǎ	algorithm
15.	静压力（名）	jìngyālì	quiet pressure
16.	冲击（动）	chōngjī	to clash
17.	动压力（名）	dòngyālì	kinetic pressure

练习 Exercises

一、根据课文判断正误：

1. 车轮对铁轨的压强，比唱机的唱针对唱片的压强大。

2. 唱机的唱针对唱片的压强，比车轮对铁轨的压强还要大。

3. 压强就是垂直作用于物体单位面积上的压力。

4. 既然火车的总重量很大，铁轨受到的压强也应该大。

5. 压强可以通过 $P = \dfrac{F}{S}$ 计算出来。

6. 压力一定时，受力面积越小，压强越大。

7. 唱片承受的压力是动压力。

8. 由于唱片受到的是静压力，所以唱针压不坏唱片。

二、根据课文回答问题：

1. 唱片受到的压强大还是铁轨受到的压强大？为什么？

2. 既然唱片受到的压强那么大，为什么压不坏呢？

 **语法知识 Grammar Points**

合成词的构成方式（七）
Formation Rules of Compound Words (7)

偏正式 Subordinate Compound Words（2）

一个动词性词素和一个名词性词素可以构成一个偏正式的新词。

A verbal morpheme and a nominal morpheme can form a subordinate compound word. E.g.,

例如：笑话、飞机、航空、航天、容器、乘客、旅客、照片、住房

课文一　汽车的行程

汽车司机小王接受了一项运输任务，要把 30 根水泥电线杆运到 1000 米外的公路旁。要求在 1000 米的地方放第一根，以后每隔 50 米放 1 根。这辆汽车的载重量每次只能运 3 根，因此需要 10 次才能运完。要完成这项任务，汽车的总行程是多少呢？

根据要求，第一车运去的 3 根电线杆分别放在 1000 米、1050 米和 1100 米的地方，然后回到原地装运第二车。第一车的行程是：1100 米 ×2 = 2200 米。同样可以算出第二车的行程是 2500 米，第三车的行程是 2800 米……

我们可以看出，从第二车开始，以后每车的行程都比前一车多 300 米。也就是说，第十车的行程是：2200 米 + 300 米 ×9 = 4900 米。

要计算汽车的行程，我们不必一车一车地算，只要能计算出第一车和第十车的行程，就可以计算出它的总行程。

这是为什么呢？道理很简单。我们假设司机小高用同样的汽车运这些电线杆，他把第一车运到最远的地方，然后由远到近地运第二车、第三车……那么，小高第一车的行程和小王第十车的行程相等，都是 4900 米，第二车的行程和小王第九车的行程相等，都是 4600 米，……也就是每车的行程总比前一车少 300 米。

由于运输任务相同，他们运完这些电线杆的总行程相等，而且每前后两车的行程都相差 300 米，只是随着车次的增加，一辆汽车的行程逐渐增加，另一辆汽车的行程逐渐减少。因此，两辆汽车相同车次行程的和相等，都等于一辆汽车第一车和第十车行程的和，而两辆汽车都运了十车，所以两辆汽车的总行程是:（2200 米 + 4900 米）×10 = 71000 米。这样，就可以很容易地算出一辆汽车的总行程了。

生词 New Words

1. 行程（名）	xíngchéng	distance of travel
2. 司机（名）	sījī	driver
3. 接受（动）	jiēshòu	to accept
4. 项（量）	xiàng	item, *a measure word*
5. 任务（名）	rènwu	task, assignment
6. 水泥（名）	shuǐní	cement
7. 电线杆（名）	diànxiàngān	wire pole
8. 运（动）	yùn	to move, to carry
9. 公路（名）	gōnglù	highway
10. 隔（动）	gé	to separate; at a distance from, after or at an interval
11. 载重量（名）	zàizhòngliàng	carrying capacity
12. 完成（动）	wánchéng	to complete
13. 原地（名）	yuándì	original place
14. 假设（动、名）	jiǎshè	to suppose; hypothesis
15. 车次（名）	chēcì	train number

练习 Exercises

一、根据课文判断正误：

1. 司机小王要把 30 根水泥电线杆运到 1000 米外的公路旁。

2. 第一根水泥电线杆放在 1000 米的地方，以后每隔 50 米放 1 根。

3. 小王的汽车每次只能运 3 根，运 10 次才能完成任务。

4. 后一车的行程总比前一车多跑 300 米。

5. 第一车的行程是 1100 米。

6. 第三车的行程是 2600 米。

7. 第十车的行程是 4900 米。

8. 要完成这项任务，汽车的总行程是 71000 米。

二、根据课文回答问题：

1. 汽车司机小王接受的是什么任务？

2. 要完成这项任务，汽车的总行程是多少？总行程是用什么方法计算出来的？

课文二　公约数与公倍数

 **课文 Text**

如果一个数同时是几个数的约数，称这个数为它们的公约数。我们称公约数中最大的为最大公约数。例如，2、–2、7、–7、14、–14 都是 28、42、70 的公约数，14 是它们的最大公约数。

如果一个数同时是几个数的倍数，我们称这个数为它们的公倍数。正的公倍数中最小的称为最小公倍数。例如，12、–12、24、–24 都是 2、4、6 的公倍数，12 是它们的最小公倍数。

在数学里我们学过最大公约数和最小公倍数，可能有人会提出这样的问题：为什么公约数要讲最大而公倍数要讲最小呢？有没有最小公约数和最大公倍数？如果有的话，那么为什么不讲呢？

假如有正整数 16 和 24，它们的四个公约数是 1、2、4、8，最大的是 8，最小的是 1。

再看正整数 15 和 19，它们只有一个公约数，就是 1。

从上面的例子可以看出，任何两个正整数不仅总有公约数 1，而且 1 总是它们的最小公约数。两个或两个以上的数的最小公约数既然总是 1，当然就不必讨论了。这就是不谈最小公约数的一个道理，不过这还不是主要道理。

大家知道，两个正整数的最大公约数在分数约分里是用得到的，通过约去分子、分母的最大公约数，把分数化得非常简单，而 1 是没有用处的。

那么两个正整数有没有最大公倍数呢？假设有两个正整数 16 和 24，它们的最小公倍数是 48，48 乘上任何正整数以后，显然仍旧是 16 和 24 的公倍数。因为自然数没有最大的数，所以也就没有最大的公倍数。

实际上，在分数通分的时候，也要用到最小公倍数，要是用比较大的公倍数，是很不方便的。这就是只研究最小公倍数的原因。

 **生词 New Words**

1. 公约数（名）	gōngyuēshù	common divisor
2. 公倍数（名）	gōngbèishù	common multiple

3. 约数（名）	yuēshù	divisor
4. 正（形）	zhèng	positive (number)
5. 整数（名）	zhěngshù	integer
6. 例子（名）	lìzi	example
7. 分数（名）	fēnshù	fraction
8. 约分（动）	yuēfēn	to reduce
9. 约（动）	yuē	to be reduced
10. 分子（名）	fēnzǐ	numerator
11. 分母（名）	fēnmǔ	denominator
12. 化（动）	huà	to simplify
13. 用处（名）	yòngchu	use
14. 自然数（名）	zìránshù	natural number
15. 通分（动）	tōngfēn	to find a common denominator

 Exercises

一、根据课文判断正误：

1. 任何两个正整数不一定有公约数。

2. 两个或两个以上的数的最小公约数总是 1。

3. 在分数约分里，1 是没有用的。

4. 在数学里不研究最小公约数。

5. 自然数里没有最大的数。

6. 任何两个正整数都有最大的公倍数。

7. 在数学里不研究最大公倍数。

8. 最大公约数在分数约分里用得到。

9. 最小公倍数在分数通分里用得到。

10. 在数学里只研究最小公倍数和最大公约数。

二、根据课文选择恰当的答案：

本课讲的主要内容是：

    A. 约数和倍数   B. 公约数和公倍数

    C. 分数的约分和通分   D. 研究最大公约数和最小公倍数的原因

三、根据课文回答问题：

1. 什么是约数？什么是最大公约数？

2. 什么是倍数？什么是最小公倍数？

3．在数学中有没有最小公约数和最大公倍数？

4．在数学中为什么要研究最大公约数和最小公倍数？

合成词的构成方式（八）
Formation Rules of Compound Words (8)

偏正式 Subordinate Compound Words（3）

一个形容词性词素和一个名词性词素可以构成一个偏正式的新词。

An adjectival morpheme and a nominal morpheme can be combined to form a subordinate compound word. E.g.,

例如：大衣、红叶、名牌、细心、平信

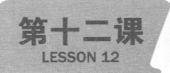

课文一　低　温

我们已经知道，水蒸气遇冷可以变成水，但是要让空气变成液体，就不是一件容易的事了。经过长期的实践，人们已经发现，在一个大气压下，空气要在 –192℃以下时才能变成液体。人们把低于 –192℃的温度叫做低温。

要想使像氢气、氮气、氦气这样的气体变成液体，温度就要更低。随着工业的发展，低温技术水平有了很大提高。现在利用液化技术，已经能使这些气体变成液体了。1908 年，人们使最后一个"永久气体"氦变成了液体，得到了 –269℃的低温。如果降低液态氦表面上蒸气的压力，温度还能降得更低。现在，利用液态氦可获得接近绝对零度（–273.15℃）的低温。

在这样低的温度下，许多物质出现了奇妙的特性。1911 年有人做了这样的实验：把水银冷却到 –40℃以下，使它变成一条线，然后继续冷却到 –269℃左右，在水银线上通上电流。当温度稍低于 –269℃时，水银的电阻消失了。这种奇妙的现象引起了人们的注意。人们把这种现象叫做超导现象，把这种产生超导现象的物质叫做超导体。随着科学技术和工业的发展，超导技术的用途越来越广。

生词　New Words

1. 长期（名）	chángqī	long-term
2. 实践（名）	shíjiàn	practice
3. 氢气（名）	qīngqì	hydrogen (H)
4. 氦气（名）	hàiqì	helium (He)
5. 液化（动）	yèhuà	to liquefy
6. 水平（名）	shuǐpíng	level
7. 永久（形）	yǒngjiǔ	permanent
8. 态（名）	tài	state

9. 可（能愿）	kě	can, may
10. 绝对零度（名）	juéduì língdù	absolute zero
11. 特性（名）	tèxìng	property
12. 通（动）	tōng	to evolve into
13. 用途（名）	yòngtú	use
14. 广（形）	guǎng	wide, extensive

练习 Exercises

一、根据课文判断正误：

1. 在常压下，水蒸气遇冷可以变成水。

2. 在一定条件下，空气可以被液化。

3. 使氢气、氮气和氦气液化比空气容易。

4. 氢气、氮气和氦气可以在 −192℃变成液体。

5. 现在利用液化技术能使各种气体变成液体。

6. 氦气是最后一个被液化的气体。

7. 利用液态氦可获得接近绝对零度（−273.15℃）的低温。

8. 在低于 −269℃时，水银的电阻会消失。

9. 许多物质在低温下出现奇妙的特性。

10. 超导技术的应用越来越广。

二、根据课文回答问题：

1. 什么叫做低温？低温有什么用途？

2. 什么是超导现象？什么叫超导体？

课文二　怕冷又怕热的金属——锡

 Text

　　1912 年，有一支探险队去南极探险。他们把要带的汽油装在汽油桶里。到了南极，他们发现汽油桶里的汽油没有了。这是怎么回事呢？

原来，汽油桶是用锡焊接的。锡这种金属很怕冷。在常温下，它是白色的，叫白锡。当温度降低到 13.2℃ 以下时，白锡的结构开始发生变化，变成了灰色的粉末，叫做灰锡。温度不太低时，这种变化还不太快。当温度降低到零下 33℃ 时，这种变化非常快。一个好好的锡壶，一个晚上就变成了一堆粉末。在南极，全年都是冰天雪地，平均温度都在 0℃ 以下，焊接汽油桶的锡变成了粉末，汽油就从桶里跑掉了。

锡不但怕冷，而且怕热。在常温下，白锡很软，有很好的延展性，但是当温度在 161℃ 以上时，它的结构也会发生变化，变得很脆。这种锡叫做脆锡，脆锡的延展性很不好。

生词 New Words

1. 锡（名）	xī	tin (Sn)
2. 探险（动）	tànxiǎn	to explore
3. 汽油（名）	qìyóu	petrol
4. 桶（名）	tǒng	drum, barrel
5. 焊接（动）	hànjiē	to weld
6. 灰色（名）	huīsè	grey
7. 粉末（名）	fěnmò	powder
8. 壶（名）	hú	kettle
9. 软（形）	ruǎn	soft
10. 延展性（名）	yánzhǎnxìng	ductility
专名 Proper Names		
南极	Nánjí	the South Pole

练习 Exercises

一、根据课文判断正误：

1. 在常温下，锡的颜色是白色的。

2. 白锡很软，延展性很好。

3. 当温度降低到 13.2℃ 以下时，白锡的结构发生变化。

4. 灰锡是灰色的粉末。

5. 温度越低，灰锡的结构变化得越快。

6. 在高温下，锡变得很脆。

7. 在低温和高温下，锡的延展性都很好。

8. 锡既怕冷又怕热。

9. 当温度低于 13.2℃ 或高于 161℃ 时，锡的结构和性质都会发生变化。

10. 温度对锡的结构和性质都有很大的影响。

二、根据课文选择恰当的答案：

本课讲的主要内容是：

A. 南极探险　　　　　　　　　　B. 南极的气温很低

C. 南极探险队装在桶里的汽油没有了　D. 温度改变锡的结构和性质

三、根据课文回答问题：

1. 什么叫做白锡、灰锡、脆锡？它们的性质有什么变化？
2. 南极探险队装在桶里的汽油为什么没有了？
3. 为什么说锡既怕冷又怕热？

 Grammar Points

合成词的构成方式（九）
Formation Rules of Compound Words (9)

偏正式 Subordinate Compound Words（4）

偏正式合成词通常包含两个词素，前边的词素修饰后边的词素，后边的词素是中心词素。有一类偏正式合成词，中心词素是名词性的。

As we know, a subordinate compound word usually consists of two characters with the first character modifying the second, which is the main character. There is also a subordinate compound word which has a nominal morpheme as its central character. E.g.,

例如：足球、工业、专业、电力、氧气、中医、语法、特点、阳光、汽水

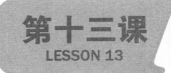

课文一　分子和原子

 **Text**

一座高楼，是用一块块砖构成的。分子，就是构成物质的小砖。如果打开一瓶香水，整个房间就会充满香气，这是因为香水挥发了无数香水分子扩散到空气中去，使整个房间都香了。

分子又轻又小。如果把 1 亿个水分子排成一行，也只有 2.8 厘米长。根据测定，1 个水分子只有 0.000000000000000000000003 克重（ 3×10^{-23} 克重）。水分子很小，1 滴水里的分子数就非常多了。有一个有趣的估计：如果一个人每秒数 1 个水分子，不停地数下去，数 1000 年，也只不过才能数 1 滴水里全部分子的 20 亿分之一。

分子是单独存在的物质的最小微粒，它保持原物质的一切化学性质。

分子是不是最小的微粒呢？不是。大多数分子是由更小的微粒——原子组成的。组成分子的原子数是不一样的。氦分子是由一个原子组成的，也就是说，一个氦原子就是一个氦分子。有的分子是由两个原子组成的，例如，氢分子是由两个氢原子组成的，一氧化碳分子是由一个碳原子和一个氧原子组成的。还有的是由三个、四个、五个或更多的原子组成的。像蛋白质、塑料这些高分子物质，往往是由成千上万个原子组成的。

由于组成分子的原子数目多少不一样，不同分子的大小差别很大，而不同的原子虽然大小不完全相同，但是差别不大。

生 词 **New Words**

1. 香水（名）	xiāngshuǐ	perfume
2. 整个（名、副）	zhěnggè	whole, entire
3. 香气（名）	xiāngqì	sweet smell; fragrance
4. 挥发（动）	huīfā	to volatilise
5. 无数（形）	wúshù	innumerable

6. 扩散（动）	kuòsàn	to diffuse, to proliferate
7. 香（形）	xiāng	sweet-smelling, fragrant, savoury, appetising
8. 测定（动）	cèdìng	to determine
9. 有趣（形）	yǒuqù	interesting, fascinating
10. 估计（动）	gūjì	to estimate
11. 一氧化碳（名）	yīyǎnghuàtàn	carbon monoxide (CO)
12. 碳（名）	tàn	carbon (C)
13. 蛋白质（名）	dànbáizhì	protein
14. 往往（副）	wǎngwǎng	often, usually
15. 成千上万	chéngqiān-shàngwàn	thousands upon thousands, tens of thousands
16. 数目（名）	shùmù	number

练习 Exercises

一、根据课文判断正误：

1. 物质是由分子构成的。

2. 分子又轻又小。

3. 分子是单独存在的物质的最小微粒。

4. 分子是保持原物质的一切化学性质的最小微粒。

5. 分子是由更小的微粒——原子组成的。

6. 组成分子的原子数目是不一样的。

7. 不同分子的大小差别很大。

8. 不同原子的大小差别也很大。

9. 蛋白质、塑料是高分子物质。

10. 二氧化碳是由一个碳原子和一个氧原子组成的。

二、根据课文回答问题：

1. 什么是分子？分子有什么特点？

2. 分子是由什么组成的？举例说明。

课文二　单质和化合物

 **Text**

　　物质是由分子组成的，分子又是由原子组成的。加热氧化铜，会得到铜和氧气。这是因为氧化铜分子分解成了铜原子和氧原子，两个氧原子结合成一个氧分子。这种反应叫做分解反应。在空气中镁条燃烧会发出耀眼的光，并生成一种白色粉末。这种白色粉末是镁和空气中的氧化合生成的氧化镁。这种反应叫做化合反应。

　　在化学反应中，原子不再发生变化，铜原子不能变成铁原子，氧原子不能变成碳原子。可见，原子是进行化学反应的基本微粒。

　　分子是由原子组成的。有的是由同种原子组成的，有的是由两种或两种以上的原子组成的。例如：氢分子是由两个氢原子组成的，氧分子是由两个氧原子组成的。如果物质的分子是由同种原子组成的，这种物质叫做单质。氢气和氧气都是单质。

　　二氧化碳分子是由两个氧原子和一个碳原子组成的。氧化铜分子是由一个铜原子和一个氧原子组成的。如果物质的分子是由不同种的原子组成的，这种物质叫做化合物。二氧化碳和氧化铜都是化合物。

　　在化学反应中，原来物质的分子被破坏，生成新物质的分子。新物质的分子和原来物质的分子性质完全不同。可见，分子是保持原物质化学性质的基本微粒。

　　同种分子的组成、大小和性质相同。不同种分子的组成、大小和性质不同。

New Words

1. 单质（名）	dānzhì	single substance
2. 化合物（名）	huàhéwù	compound
3. 氧化铜（名）	yǎnghuàtóng	copper oxide (CuO)
4. 铜（名）	tóng	copper (Cu)
5. 结合（动）	jiéhé	to combine
6. 镁（名）	měi	magnesium (Mg)
7. 条（量）	tiáo	line, strip
8. 耀眼（形）	yàoyǎn	dazzling
9. 生成（动）	shēngchéng	to produce

10. 氧化镁（名）	yǎnghuàměi	magnesium oxide (MgO)
11. 化合（动）	huàhé	to combine
12. 破坏（动）	pòhuài	to destroy

 **Exercises**

一、根据课文判断正误：

1．氧化铜分子是由铜原子和氧原子构成的。

2．在分解反应中，一种化合物产生了不同的物质。

3．在化合反应中，两种或多种物质形成新的物质。

4．在化学反应中，原来物质的分子被破坏。

5．在化学反应中，原子仍旧发生变化。

6．原子是进行化学反应的基本微粒。

7．单质的分子是由同种原子组成的。

8．化合物的分子是由不同种的原子组成的。

9．分子仍旧保持着原物质的化学性质。

10．分子的组成、大小和性质都相同。

二、根据课文回答问题：

1．什么是单质？什么是化合物？举例说明。

2．什么是分解反应？什么是化合反应？举例说明。

3．分子和原子有哪些区别？

语法知识 **Grammar Points**

合成词的构成方式（十）
Formation Rules of Compound Words (10)

偏正式 Subordinate Compound Words（5）

这类偏正式合成词，前边的词素修饰后边的词素，后边的中心词素是动词性的。

There is another subordinate compound word which takes a verbal morpheme as its central character. E.g.,

例如：合唱、预习、绕行、空运、漫游、退休、广播、对照

兑换、订购、溶解、直射、好看、好吃、好听、先进

第十四课
LESSON 14

课文一　化学变化和物理变化

 **Text**

　　我们都看见过蜡烛燃烧。一根长长的蜡烛燃烧以后，没有留下任何东西。蜡烛里的东西呢？蜡烛燃烧以后，变成了二氧化碳和水蒸气，这些气体跑到空气中去了。二氧化碳和水蒸气是跟蜡烛完全不同的物质。铁块在空气中放的时间长了，表面会生成氧化铁。氧化铁是铁和空气中的氧反应生成的，它是跟铁、氧完全不同的物质。将氧化汞粉末放在试管里加热，就会生成一种气体和一种金属，气体是氧气，金属是汞，氧气和汞是跟氧化汞完全不同的物质。

　　在上述例子中，物质都发生了变化，变化以后都生成了新物质，我们称这种变化为化学变化。

　　有些变化跟化学变化不同。例如，我们在黑板上写字，粉笔会变成粉笔末。粉笔和粉笔末只是大小不同，它们是同一种物质。再如，水遇冷会变成冰，冰遇热会变成水，水遇热变成水蒸气，冰、水、水蒸气都是同一种物质。水的三态变化，没有生成新物质。在试管里给固体碘加热，我们会看到紫色的碘蒸气。固体碘和碘蒸气也是同一种物质。由固体直接变成气体的现象叫升华。

　　在上述例子中，尽管物质发生了变化，但是没有新物质生成，只是物质的形态发生了变化，这种变化被称为物理变化。

生词 New Words

1. 氧化铁（名）	yǎnghuàtiě	iron oxide (Fe_2O_3)
2. 将（介）	jiāng	*a preposition, functioning as* 把
3. 氧化汞（名）	yǎnghuàgǒng	mercuric oxide (HgO)
4. 试管（名）	shìguǎn	test tube
5. 黑板（名）	hēibǎn	blackboard
6. 粉笔（名）	fěnbǐ	chalk
7. 碘（名）	diǎn	iodine (I)
8. 紫色（名）	zǐsè	purple
9. 升华（动、名）	shēnghuá	to sublimate; sublimation

一、根据课文判断正误:

1. 在化学变化中,物质发生了变化,生成了新的物质。

2. 在物理变化中,只是物质的形态改变了,并没有生成新的物质。

3. 铁生锈是化学变化。

4. 蜡烛燃烧既有化学变化,也有物理变化。

5. 水有三种形态:冰、水和水蒸气。

6. 水的三态变化是物理变化。

7. 升华就是物质由固态直接变成气态的现象。

8. 升华是一种化学变化。

9. 加热氧化汞粉末会发生化学变化。

10. 加热固态碘也会发生化学反应。

二、根据课文回答问题:

什么是物理变化? 什么是化学变化? 举例说明。

课文二　混合物和纯净物

由同一种分子组成的物质叫纯净物,由两种或两种以上的分子组成的物质叫混合物。

自然界中的物质尽管很多,但是纯净物是很少的,绝大部分是混合物。空气、海水、水果等都是混合物。要想得到纯净物,就必须对混合物进行处理。

任何纯净物质,在一定的状况下,都具有一定的性质。例如,纯净的水没有颜色,没有味道,比重是 1,沸点是 100℃,凝固点是 0℃。

如果把食盐放入水中,变成食盐水溶液,沸点会升高,凝固点会降低。升高或降低多少,要看加入的食盐多少。食盐加入得多,沸点就升高得多,凝固点就降低得多;食盐加入得少,沸点就升高得少，凝固点降低得也不多。食盐水溶液是一种混合物，混合物的性质是不一定的。

为什么纯净物在一定状况下有一定的性质，而混合物没有呢？因为一切纯净物都是由同种分子组成的，同种分子的性质相同；混合物是由几种不同物质的分子组成的，不同种分子的性质不同。由于组成混合物的各种分子的数量不同，所以混合物没有一定的性质。

生词 New Words

1. 混合物（名）	hùnhéwù	mixture
2. 纯净物（名）	chúnjìngwù	pure substance
3. 自然界（名）	zìránjiè	the natural world
4. 绝（副、动）	jué	most; to be off
5. 海（名）	hǎi	sea
6. 处理（动）	chǔlǐ	to deal with
7. 状况（名）	zhuàngkuàng	state, condition
8. 沸点（名）	fèidiǎn	boiling point
9. 凝固点（名）	nínggùdiǎn	solidifying point
10. 食盐（名）	shíyán	table salt (NaCl)

练习 Exercises

一、根据课文判断正误：

1. 纯净物里只有一种分子。

2. 混合物里有两种或两种以上的分子。

3. 自然界里，纯净物很少，混合物很多。

4. 在一定的条件下，纯净物具有一定的性质。

5. 要对混合物进行处理，才能得到纯净物。

6. 食盐的水溶液是一种纯净物。

7. 食盐的水溶液，沸点、凝固点和比重都会发生变化。

8. 食盐的水溶液凝固点升高，沸点降低。

9. 混合物没有一定的性质。

10. 牛奶是纯净物。

二、根据课文回答问题：

1. 什么是纯净物？什么是混合物？举例说明。

2. 为什么纯净物有一定的性质，而混合物没有？举例说明。

 **Grammar Points**

合成词的构成方式（十一）
Formation Rules of Compound Words (11)

偏正式 Subordinate Compound Words（6）

这类偏正式合成词，前边的词素修饰后边的词素，后边的中心词素是形容词性的。

There are subordinate compound words which have adjectival morphemes as their central character. E.g.,

例如：精美、明亮、详细、柔和、秀丽、雪白、飞快、奇妙

安静、灼热、相同、迅速、巨大、整齐、稍微、平常

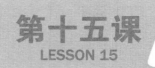

课文一　储油罐的"胖"与"瘦"

　　我们知道，在容积一定的情况下，除了球形的以外，在圆柱形、立方体、长方体等形状的容器中，以圆柱形的容器为最省材料。那么圆柱形的容器又以什么样的为最省材料呢？

　　你常常看到储油罐吧？它们有的高几十米，有的高近十米，大小虽然不一样，但是看上去既不"胖"，也不"瘦"。这些不"胖"也不"瘦"的圆柱体的底面直径和高恰好相等，这种圆柱体叫做等边圆柱。储油罐往往做成等边圆柱形的。为什么不做成"胖"一点儿或"瘦"一点儿的呢？这除了美观以外，更主要的是为了节省做罐的材料。

　　在圆柱形容器的容积 V 保持一定的情况下，就以等边圆柱表面积为最小了。下面我们就来证明一下。

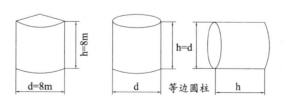

　　在 V 一定的条件下，圆柱形的底面直径 d 变化时，它的高 h、底面积 $S_{底}$ 和侧面积 $S_{侧}$ 都随着变化。全面积等于底面积与侧面积的和，因此全面积 $S_{全}$ 也跟着变化。下面我们就从这些变化中找出 d 在什么情况下，全面积 $S_{全}$ 为最小。

　　我们以石油储油罐为例，如果某罐的直径和高都是 8 米，那么

$$S_{底} = \frac{\pi d^2}{4} = \frac{8^2 \pi}{4} = 16\pi \text{（米}^2\text{）}$$

$$V = S_{底} \times h = 16\pi \times 8 = 128\pi \text{（米}^3\text{）}$$

$$S_{侧} = \pi d h = 8 \times 8\pi = 64\pi \text{（米}^2\text{）}$$

$$S_{全} = 2S_{底} + S_{侧} = 2 \times 16\pi + 64\pi = 96\pi \text{（米}^2\text{）}$$

　　在 $V = 128\pi$ 米^3 的情况下，我们改变 d 的大小，求出相应的高和 $S_{全}$。

d	4 米	6 米	8 米	10 米	12 米
h	32 米	$14\frac{2}{9}$ 米	8 米	$5\frac{3}{25}$ 米	$3\frac{5}{9}$ 米
S全	136π 米^2	$103\frac{1}{3}\pi$ 米^2	96π 米^2	$101\frac{1}{5}\pi$ 米^2	$114\frac{2}{3}\pi$ 米^2

从表中我们看到，d = h = 8 米，S全 = 96π 米^2 是最小的。因此，储油罐做得太"胖"或太"瘦"都要费材料，以不"胖"也不"瘦"的等边圆柱形为最省材料。

生词 New Words

1. 储油罐（名） chǔyóuguàn oil storage tank
2. 胖（形） pàng fat
3. 恰好（副） qiàhǎo just right
4. 圆柱体（名） yuánzhùtǐ cylinder
5. 石油（名） shíyóu petroleum, oil
6. 相应（动、形） xiāngyìng to correspond; corresponding
7. 表（名） biǎo table
8. 费（动） fèi to waste

练习 Exercises

一、根据课文判断正误：

1. 在容积一定的情况下，以圆柱形的容器为最省材料。
2. 等边圆柱的底面直径和高相等。
3. 容积一定的圆柱形容器，以等边圆柱的表面积为最小。
4. 在容积一定的情况下，圆柱形容器的底面直径改变，它的高和表面积也随着改变。
5. 圆柱形容器的底面积等于圆周率和底面半径平方的乘积。
6. 圆柱形容器的底面周长等于圆周率乘以底面直径。
7. 圆柱形容器的侧面积等于底面周长和容器高的乘积。
8. 圆柱形容器的全面积等于底面积与侧面积的和。
9. 等边圆柱形的容器最节省材料。
10. 把储油桶做成等边圆柱形的只是为了节省材料。

二、根据课文选择恰当的答案：

1. 本课讲的主要内容是：

    A. 储油桶的形状

    B. 在容积一定的情况下，什么形状的容器最省材料

    C. 怎样计算圆柱形容器的底面积、侧面积和全面积

    D. 等边圆柱形的贮油桶最节省材料

2. 在容积一定的情况下，什么形状的容器最省材料？

    A. 长方体   B. 圆柱体   C. 球形   D. 立方体

3. 在容积一定的情况下，什么样的圆柱形容器最省材料？

    A. 底面直径大于高的圆柱形容器   B. 底面直径和高相等的圆柱形容器

    C. 底面直径小于高的圆柱形容器   D. 底面直径不等于高的圆柱形容器

三、根据课文回答问题：

1. 什么叫等边圆柱？

2. 为什么把储油桶做成等边圆柱形的？

课文二　怎样做最省材料？

 **课 文 Text**

    圆柱形的容器，当底面的直径和它的高相等时，它的表面积最小，也就是等边圆柱形的容器最省材料。反过来，如果我们要用一定的材料做一个圆柱形的容器，那么做成等边圆柱形的具有最大的容积。有些罐头盒、有盖儿的杯子做成等边圆柱形的，主要是为了省材料。有时候我们也会看到一些不是等边圆柱形的容器，这是因为除了考虑节省材料以外，还考虑到了其他的因素。

    如果是没有盖儿的圆柱形容器，做成什么样的最节省材料呢？我们可以设想，把两个形状和大小完全相同的无盖儿圆柱形容器复合在一起，合并成一个大的有盖儿圆柱形容器。这个假想的有盖儿圆柱形的容积是 2V，高是 2H。当 V 一定时，2V 也一定。按照在容积一定的圆柱

形中，以等边圆柱的表面积为最小的道理，可以知道，有盖儿圆柱形容器的底面直径与 2H 相等时，它的表面积为最小。原来无盖儿圆柱形容器的表面积恰好是大的有盖儿圆柱形容器表面积的一半，这个无盖儿圆柱形的表面积也最小。因此，容积一定的无盖儿圆柱形容器，当它的底面直径等于高的两倍时，表面积最小，也就是在制作时最省材料。

生词 New Words

1. 反过来	fǎnguòlái	conversely; in turn
2. 设想（动）	shèxiǎng	to imagine, to suppose
3. 复合（动）	fùhé	to put together
4. 合并（动）	hébìng	to merge
5. 假想（动、名）	jiǎxiǎng	to imagine; supposition

练习 Exercises

一、根据课文判断正误：

1. 表面积一定，在圆柱形容器中，以等边圆柱形的容积最大。
2. 罐头盒、有盖儿的杯子往往做成等边圆柱形的。
3. 无盖儿圆柱形容器，当底面直径等于高时，表面积最小。
4. 容积一定的无盖儿圆柱形容器，当底面直径等于高的两倍时，最节省制作材料。
5. 表面积一定的无盖儿圆柱形容器，当底面直径等于高的两倍时容积最大。

二、根据课文回答问题：

1. 没有盖儿的圆柱形容器，做成什么样的最节省材料？
2. 怎样证明容积一定的无盖儿圆柱形容器，当底面直径等于高的两倍时，表面积最小？

语法知识 **Grammar Points**

合成词的构成方式（十二）
Formation Rules of Compound Words (12)

偏正式 Subordinate Compound Words（7）

偏正式合成词中多数为双音节词，由两个词素构成，但也有一些词在双音节的基础上又与别的成分一起构成新词。

Most subordinate compound words are disyllabic words composed of two morphemes, however, there are exceptions. Some subordinate compound words are formed by combining a morpheme with a disyllabic modifier. E.g.,

例如：电影 —— 电影院　　　　体温 —— 体温表

　　　机器 —— 机器人　　　　大使 —— 大使馆

　　　照相 —— 照相机　　　　实验 —— 实验室

　　　飞机 —— 飞机场　　　　大气 —— 大气层

　　　半球 —— 南半球　　　　牛肉 —— 酱牛肉

　　　半球 —— 北半球　　　　面积 —— 表面积

　　　棱柱 —— 六棱柱　　　　压力 —— 静压力

　　　压力 —— 动压力　　　　蒸气 —— 水蒸气

　　　相机 —— 数码相机　　　　面积 —— 横截面积

　　　梯形 —— 等腰梯形　　　　引力 —— 万有引力

　　　汽车 —— 出租汽车　　　　邮件 —— 电子邮件

　　　飞船 —— 宇宙飞船　　　　卫星 —— 人造卫星

三音节偏正式合成词，其结构关系有两种：

Trisyllabic subordinate compound words may be classified into two types depending on the structrual relationships between the morphemes:

① AB → C 格式

前两个词素一起形成一个单位，修饰、限制后一词素。

The preceding two morphemes can form a unit, modify the latter. E.g.,

例如：电影→院 —— 电影院

② A → BC 格式

后两个词素一起形成一个单位，被前一个词素来修饰、限制。

The latter two morphemes can form a unit, which is modified by the preceding one. E.g.,

例如：南→半球 —— 南半球

课文一　摩擦与热、电、磁

摩擦能生热。两只手用力搓，我们就感觉到手发热了。转动的机器，时间长了也会发热，这是机械能转变成了热能，所以一般都在转动的地方上油以减少摩擦，避免损坏机器。

摩擦也能生电。用毛皮摩擦过的塑料尺，能够吸引轻小的纸片，这说明塑料尺带电了。这是机械能转变成了电能。

摩擦能生磁吗？早在两千多年前，中国人就发现了有的铁矿石能够吸引铁质物体，这种铁矿石叫做磁铁。人们还发现这种磁铁有一种特性，就是能够指示方向。根据这种性质，人们就制成了指示方向的指南针。后来，人们又发现钢铁在磁石上摩擦以后也会产生磁性。

我们做一个实验，拿一根钢针和一块磁铁，把钢针放在磁铁的一端摩擦，这根钢针就有磁性了。在水面上放一纸片，再把磁针放在纸上。这时我们就会看到，磁针的一端指南，另一端指北。如果我们动一下纸片，那么磁针和纸片就一起转动起来，停下来的时候，磁针原来指北的一端还是指北。这就是一个简单的指南针了。

生词　New Words

1. 只（量）	zhī	*a measure word*
2. 搓（动）	cuō	to rub with the hands
3. 机械能（名）	jīxiènéng	mechanical energy
4. 转变（动）	zhuǎnbiàn	to transform
5. 热能（名）	rènéng	heat energy
6. 上油（动）	shàngyóu	to oil, to grease
7. 以（连）	yǐ	in order to
8. 避免（动）	bìmiǎn	to avoid, to avert
9. 损坏（动）	sǔnhuài	to damage

10. 毛皮（名）	máopí	fur
11. 尺（名）	chǐ	ruler
12. 纸片（名）	zhǐpiàn	scraps of paper
13. 电能（名）	diànnéng	electric energy
14. 矿石（名）	kuàngshí	ore
15. 磁铁（名）	cítiě	magnet

练习 Exercises

一、根据课文判断正误：

1．摩擦能生热。

2．摩擦也能生电。

3．机械能可以转变成热能。

4．机械能可以转变成电能。

5．给转动的机器上油是为了减少摩擦。

6．用毛皮摩擦过的塑料尺能吸引小纸片。

7．早在两千多年前，中国人就发现了磁铁。

8．指南针是指示方向的工具。

9．钢针跟磁铁摩擦以后，钢针就有了磁性。

10．磁针的一端可以指南，也可以指北。

二、根据课文回答问题：

1．机械能可以转变成热能和电能吗？举例说明。

2．摩擦能生磁吗？怎样做一个简单的指南针？

课文二　阿房宫的大门

 课文 Text

　　公元前 221 年，中国的秦始皇让人为他建造了一所房子，叫阿房宫。因为秦始皇几次遇到有人要对他行刺，他很害怕。为了防止行刺事件的发生，在建造这所房子的时候，他要人们在

大门上设计安装警报装置。建筑师根据科学原理，用"磁石"做了大门。如果有人带着铁制武器，一走到大门，就能检查出来。

阿房宫门上的磁石，是一种铁矿石，现在叫天然磁铁。早在公元前三世纪，中国古书上已记下了磁石吸铁的性质。那时候，人们把磁石记作"慈石"，"慈石"的意思是：磁石吸铁就像慈爱的妈妈喜欢自己的儿女一样。磁石是从"慈石"这个词演变来的。那时候人们还发现了磁石有指南北的性质，发明了世界上第一个指南工具，后来又制成了使用方便的指南针，传遍世界各国。

现在我们把磁铁吸引铁等物质的性质叫做磁性。除了天然磁铁以外，还有一种人造磁铁。人造磁铁的磁性比天然磁铁的磁性强得多。由于磁铁有吸引铁的性质，所以它的用途很多。

生词 New Words

1. 公元前（名）	gōngyuánqián	BC
2. 为（介）	wèi	for
3. 建造（动）	jiànzào	to build
4. 防止（动）	fángzhǐ	to prevent
5. 事件（名）	shìjiàn	incident, event
6. 所（量）	suǒ	*a measure word*
7. 房子（名）	fángzi	house
8. 行刺（动）	xíngcì	to assassinate
9. 害怕（动）	hàipà	to be afraid
10. 安装（动）	ānzhuāng	to install
11. 警报（名）	jǐngbào	alarm
12. 装置（名）	zhuāngzhì	installation, device
13. 武器（名）	wǔqì	weapon
14. 天然（形）	tiānrán	natural
15. 世纪（名）	shìjì	century
16. 古书（名）	gǔshū	ancient book
17. 慈爱（形）	cí'ài	affectionate, kind
18. 演变（动）	yǎnbiàn	to develop, to evolve
19. 传遍（动）	chuánbiàn	to over spread
20. 人造（形）	rénzào	man-made
21. 关（动）	guān	to shut, to close

专名 Proper Names

1. 阿房宫	Ēpánggōng	*name of an ancient palace*
2. 秦始皇	Qínshǐhuáng	*the First Emperor of the Qin Dynasty*

练习 Exercises

一、根据课文判断正误：

1．阿房宫是公元前 221 年建造的。

2．在阿房宫的大门上设计安装了警报装置。

3．阿房宫的大门是用天然磁铁制成的。

4．有人带着武器走进大门，就能检查出来。

5．早在公元前三世纪，中国古书就记下了磁石的性质。

6．磁石是从"慈石"这个词演变来的。

7．"慈石"的意思是磁石吸铁就像慈爱的妈妈喜欢自己的儿女一样。

8．世界上第一个指南针是中国人发明的。

9．磁性是指磁铁吸引铁等物质的性质。

10．天然磁铁的磁性没有人造磁铁的磁性强。

二、根据课文回答问题：

1．阿房宫的大门是用什么建造的？

2．阿房宫大门上的警报装置是根据什么原理设计的？

语法知识 Grammar Points

合成词的构成方式（十三）
Formation Rules of Compound Words (13)

偏正式 Subordinate Compound Words（8）

从意义关系上看，在偏正式合成词中，表示修饰、限制作用的词素所表示的意义常见的有以下几种：

In subordinate compound words, the meanings of the modifiers are usually categorized as follows:

①表示性质。

Expressing properties. E.g.,

例如：京剧、光盘、软件、压力、浮力、偶数、加法、国庆节、表面积、数码相机

②表示用途。

Expressing purposes. E.g.,

例如：学校、饭店、饮料、电线、机场、邮票、发电厂、指南针、候机厅、望远镜

③表示质料。

Expressing materials. E.g.,

例如：蛋糕、米饭、面包、皮鞋、丝绸、钢管、氧气、铁块、铅笔、葡萄酒

④表示领属。

Expressing possession. E.g.,

例如：牛肉、鸡蛋、茶叶、菜谱、果汁儿、蜂窝、声波、地心、气温、大使馆

⑤表示数量。

Expressing amount. E.g.,

例如：四季、半径、两极、十月、一边、多级、三角形、六边形、双曲线、三棱镜

⑥表示方式。

Expressing ways. E.g.,

例如：独唱、烤鸭、漫游、合作、反射、滚动、直射、环绕、立交桥、无线电

课文一　物体之间的引力

什么是重力？重力就是地球对地面附近的物体吸引的力。由于有这个吸引力，向上扔出去的石子才会落下来，放在地上的东西才会对地面有压力。人们还发现，不仅地球对地面附近的物体有吸引力，地面附近的物体对地球也有吸引力，而且宇宙中任何两个物体之间都有相互吸引的力。这样的吸引力就叫做万有引力。

可能有人会问："我怎么没感觉到别人或物体对我有吸引力呢？"这是因为：万有引力的大小和两个物体的质量的乘积是成正比的，而且随着两个物体之间的距离的增大而减小。也就是说，两个物体之间引力的大小由这两个物体的质量和它们之间的距离来决定。如果体重都是 50 公斤重的两个人，相隔 1 米半的距离，它们之间的引力只有 1 毫克中的 1%。这个力是极其微小的，它不会给人的活动带来任何影响，因而人感觉不到别人或物体对自己的吸引力。

在宇宙中，由于地球和太阳的质量都非常大，所以它们之间的吸引力就非常大。这样才使得地球绕着太阳运动，而不会跑掉。月球是地球的卫星，绕着地球运动，它所受到的向心力就是地球对它的吸引力。

生词 New Words

1. 扔（动）	rēng	to throw away
2. 石子（名）	shízǐ	stone
3. 决定（动、名）	juédìng	to decide; decision
4. 体重（名）	tǐzhòng	(body) weight
5. 相隔（动）	xiānggé	to be separated by; to be at a distance of; to be apart
6. 毫克（量）	háokè	milligram (mg)
7. 极其（副）	jíqí	extremely

8. 别人（代）	biérén	other people
9. 使得（动）	shǐdé	to make
10. 绕（动）	rào	to circle, to revolve
11. 卫星（名）	wèixīng	satellite
12. 向心力（名）	xiàngxīnlì	centripetal force

练习 Exercises

一、根据课文判断正误：

1. 重力就是地球对地面附近的物体吸引的力。

2. 万有引力是指任何两个物体之间的相互吸引的力。

3. 地球对地面附近的物体有吸引力。

4. 地面附近的物体对地球也有吸引力。

5. 两个人之间不存在吸引力。

6. 两个物体的质量越大，它们之间的引力就越大。

7. 两个物体之间的距离越大，它们之间的引力也越大。

8. 两个物体之间引力的大小与这两个物体的质量和它们之间的距离有关系。

9. 地球之所以围绕着太阳运转，是因为它们之间存在着巨大的吸引力。

10. 月球绕着地球运动所受到的向心力就是地球对它的吸引力。

二、根据课文回答问题：

1. 抛出去的物体为什么落回地面？

2. 地球为什么能绕着太阳运转？

3. 月球为什么能绕着地球运转？

4. 万有引力的大小决定于哪些因素？

5. 人为什么感觉不到别人或物体对自己的吸引力？

课文二 物体的重量会变化吗?

 **Text**

我们的周围有各种各样的物体,例如桌子、刀子、纸,以及机器、植物、动物等等。这些物体,无论大小,也无论是否有生命,它们都具有重量,就是我们看不见的空气也是有重量的。

什么是物体的重量呢? 我们知道,任何物体之间都存在着万有引力。地球对它附近的任何物体都有吸引力。这种吸引力叫做重力,物体所受重力的大小就是重量。

那么,物体的重量会变化吗?

由万有引力定律知道,万有引力的大小与物体之间距离的平方成反比,与两个物体的质量的乘积成正比。因此物体离地面越高,也就是与地心的距离越远,地球对它的引力就越小。

地面上一个 60 公斤重的物体放到离地面 6400 公里的高空,它所受到的地球对它的引力只有 15 公斤。这是为什么呢? 原来,地球的半径大约等于 6400 公里。当把物体放到 6400 公里的高空时,它离地心 12800 公里,是地球半径的两倍。但是不管物体在地面还是在高空,质量不会变,地球的质量也不会变。只有物体与地心的距离变化了,变成在地面时的两倍,这样,地球对它的引力就要减小到原来的 1/4。

如果把物体放到月球上去,物体就要受到月球对它的引力,引力的大小就是它在月球上的重量。由于月球的质量和半径与地球的质量和半径不同,所以物体在月球上的重量跟在地球上也不一样。由计算可以知道,物体在月球上的重量只有地球上的 1/6。如果地球上的一个物体 60 公斤,在月球上只有 10 公斤。

生词 **New Words**

1. 各种各样		gèzhǒng-gèyàng	of all kinds
2. 刀子	(名)	dāozi	knife
3. 植物	(名)	zhíwù	plant
4. 动物	(名)	dòngwù	animal
5. 是否	(副)	shìfǒu	whether (or not)
6. 就是	(连)	jiùshì	even if
7. 地心	(名)	dìxīn	the earth's core

练 习 Exercises

一、根据课文判断正误：

1. 地球上任何物体都具有重量。

2. 地球的吸引力使地球上的物体有重量。

3. 物体所受重力的大小就是物体的重量。

4. 物体的重量决定于它的质量和它与地心的距离。

5. 在不同的地方和不同的高度，同一个物体的重量会发生变化。

6. 在不同的地方和不同的高度，同一个物体的质量也会发生变化。

7. 物体离地面越高，它的重量越轻。

8. 物体离地心的距离增加 1 倍，物体的重量就减少 3/4。

9. 物体离地心的距离增加两倍，物体的重量就减少到原来的 1/9。

10. 同一物体在地球上的重量比在月球上重 5 倍。

二、根据课文回答问题：

物体的重量会变化吗？为什么？

语 法 知 识 Grammar Points

合成词的构成方式（十四）
Formation Rules of Compound Words (14)

偏正式 Subordinate Compound Words（9）

从意义关系上看，在偏正式合成词中，表示修饰、限制作用的词素所表示的意义常见的还有以下几种：

In subordinate compound words, the meanings of the modifiers are categorised as follows:

⑦表示形状。

Expressing shape. E.g.,

例如：球形、圆筒、梯形、平面、凸形、曲线、正方形、四合院、立方体、螺线管

⑧表示方位。

Expressing locality. E.g.,

例如：北方、南极、内科、外层、上铺、前进、表面、内部、北半球、红外线

⑨表示程度。

Expressing degree. E.g.,

例如：低压、高温、微笑、鲜花、精美、新闻、壮观、快速、飞跑、大声

⑩表示颜色。

Expressing colour. E.g.,

例如：白天、黑夜、红叶、蓝天、彩带、绿灯、黄金、赤道、红宝石、银白色

⑪表示动力。

Expressing motive force. E.g.,

例如：汽车、电车、火车、电话、电视、电铃、电脑、火箭、水电站、核电站

⑫表示地域。

Expressing region. E.g.,

例如：港元、欧元、日语、中文、西服、中医、北极星、大理石

⑬表示时间或季节。

Expressing time and season. E.g.,

例如：晚会、夜间、秋天、冬季、季风、春节、早饭、午睡

课文一 人造地球卫星的速度

 **Text**

我们知道，由于地球引力的作用，扔出去的物体总是要落回地面上来的。要想使它不再落回地面，就需要在扔出物体的时候，使它具有很大的速度。用手扔出物体，出手时的速度越大，它在空中飞的时间就越长。用大炮发射出去的炮弹，飞行的时间更长。地球是圆的，可以想到，如果炮弹的速度足够大，它就有可能一直往远处飞，地球的引力只能起不使它脱离地球飞走的作用，而不能把它拉回地面。这时地球对炮弹的引力正好等于它按这个速度作圆周运动所需要的向心力。这就需要达到 7.9 公里 / 秒以上的速度才行。

现在炮弹的飞行速度大约每秒只有 900 米，最大的也只有 1000 多米，所以不能用大炮发射卫星。就是炮弹的发射速度足够大，也不能用大炮发射卫星，因为在地面上有稠密的大气层，速度这样大的炮弹，和空气摩擦会产生高热而被烧掉。

人造卫星是用多级火箭发射的，火箭的速度逐渐增大。在稠密的大气层中，速度并不大。在上升过程中，由于自动控制，它飞行的方向也在改变。在到达预定的高度和方向以后，火箭把卫星发射出去，卫星的速度就可以达到 7.9 公里 / 秒以上。

生词 New Words

1. 大炮（名）	dàpào	artillery
2. 炮弹（名）	pàodàn	(artillery) shell
3. 飞行（动）	fēixíng	to fly
4. 脱离（动）	tuōlí	to break away from
5. 稠密（形）	chóumì	dense
6. 高热（名）	gāorè	high heat
7. 烧（动）	shāo	to burn
8. 级（量）	jí	step, stage, *a measure word*

9. 自动（形）	zìdòng	automatic
10. 控制（动）	kòngzhì	to control
11. 预定（动）	yùdìng	to design in advance

 **Exercises**

一、根据课文判断正误：

1. 扔出去的物体总是要落回地面上来的，这是因为地球引力的作用。

2. 扔出物体的速度越大，它在空中的时间就越长；扔出物体的速度越小，它在空中的时间就越短。

3. 如果炮弹的速度足够大，它就有可能一直往远处飞。

4. 发射出去的炮弹，假如地球的引力等于它作圆周运动所需要的向心力，就不会落回地面。

5. 物体绕地球运动的速度是 7.9 公里／秒。

6. 如果炮弹的发射速度足够大，就可以用大炮发射卫星。

7. 地面附近有稠密的大气层。

8. 人造卫星是用多级火箭发射的。

9. 在稠密的大气层中，火箭的速度并不大。

10. 火箭的速度逐渐增大，最后达到 7.9 公里／秒，把卫星发射出去。

二、根据课文回答问题：

1. 为什么不能用大炮发射卫星？

2. 人造卫星是怎样发射的？

课文二　失　重

 **Text**

　　在宇宙飞行中，会有这样的现象：在人造地球卫星和宇宙飞船中，铅笔、纸、本子能停在空中不向下落；把杯子倒过来，里面的水也不会流出来，好像一切物体的重量都消失了。这种现象叫做失重。

　　其实，在地面上我们也可以看到失重现象。在碗里倒上水，然后放在一个网兜里，把碗和

水一起抡起来，就是碗底朝天时，水也不会流出来。这和在宇宙飞行中看到的水不向下流的道理是一样的。当水碗到达顶点时，并不是静止的，而是在继续运动着。碗中的水这时和碗一样，有一个水平方向的速度。由于惯性，水应该沿切线方向飞出去，它哪能向下流呢？

宇宙飞船中的铅笔、纸、本子、杯子、水都和宇宙飞船一样，以 7.9 公里 / 秒的速度运动着，只是由于地球的吸引，它们不能脱离地球沿切线方向飞去，而绕着地球运转。同时，由于宇宙飞船和飞船内的人、物体都以同样的速度作匀速圆周运动，所以宇航员就看不到纸下落或水向下流了。放在桌子上的杯子，也不会对桌面产生压力了。这些都是失重的现象。

为什么会出现失重现象呢？

物体在地球上，地球对物体的吸引力有两个分力：一个是重力，另一个是支持物体随地球自转的向心力。严格说来，物体在地球上所受的重力不完全等于地球对物体的吸引力。不过在地面上，向心力太小了，可以忽略不计，所以人们常说，重力就是地球对物体的吸引力。重量是物体对支持物的压力，是重力的一种表现。重力和重量既有联系，又有区别。

宇宙飞船和人造地球卫星绕地球运转时所需要的向心力，完全是由地球的吸引力提供的，地球的吸引力等于向心力。这时重力为零，所以出现了失重现象。但是重力并没有消失，而是表现为向心力了。"失重"是指物体失去重量，而不是失去重力，重力只是有了不同的表现。

生词 New Words

1. 失重（名、动）	shīzhòng	weight loss; to be weightless
2. 宇宙飞船（名）	yǔzhòu fēichuán	spaceship
3. 倒（动）	dào	to invert
4. 流（动）	liú	to flow
5. 碗（名）	wǎn	bowl
6. 网兜（名）	wǎngdōu	string bag
7. 抡（动）	lūn	to swing, to brandish
8. 朝（天）（介）	cháo (tiān)	towards, facing (the sky)
9. 静止（动）	jìngzhǐ	to be static
10. 惯性（名）	guànxìng	inertia
11. 沿（介）	yán	along

12. 切线（名）	qiēxiàn	tangent
13. 分力（名）	fēnlì	component (of force)
14. 支持（动）	zhīchí	to support
15. 严格（形）	yángé	strict
16. 忽略不计	hūlüè bújì	negligible
17. 表现（动、名）	biǎoxiàn	to show, to express, to display; demonstration, display
18. 联系（动、名）	liánxì	to connect, to relate, to link; connection, relation
19. 提供（动）	tígōng	to provide, to supply

 **Exercises**

一、根据课文判断正误：

1. 只有宇宙飞行中才出现失重现象。

2. 失重就是物体失去原有的重量。

3. 在地面上我们也可以看到失重现象。

4. 人造地球卫星和宇宙飞船不会脱离地球，是因为地球对它有吸引力。

5. 人造地球卫星和宇宙飞船不会落回地球，是因为它们绕地球运转的速度都达到了 7.9 公里／秒。

6. 在宇宙飞行中，物体对桌面没有压力。

7. 在宇宙飞行中，重力消失了。

8. 重量就是重力。

9. 物体受到重力，才会有重量。

10. 在地球上，重力就是地球对物体的吸引力。

二、根据课文回答问题：

1. 什么叫失重？在什么情况下，才会发生失重现象？举例说明。

2. 重量、重力、吸引力、向心力有什么联系和区别？

3. 宇宙飞行中为什么会发生失重现象？

语法知识 Grammar Points

合成词的构成方式（十五）
Formation Rules of Compound Words (15)

主谓式 Subject-Predicate Compound Words

一个合成词的前后两个词素的关系就像是主语和谓语的关系，这种词是主谓式的词。

If a compound word has a subject-predicate construct, we call it a subject-predicate compound word. E.g.,

例如：头疼、年轻、人造、电流、时差、位移、日食、地震、色散

课文一　飞行材料——钛

大家都知道，飞机的外壳是用铝合金做的。铝比较轻，用它的合金来制造飞机很合适，可是铝还不是制造飞机的最好材料。今天的高速飞机，外壳和部件往往是用钛或钛合金做的。

钛是一种银光闪闪的金属，它的外表跟不锈钢很难区别，但是钛比钢轻得多，比重只有钢的 57%，而且比钢更坚硬。

钛还有个特点是耐高温，它的熔点比铁还高 100 多摄氏度。

飞机飞得很快的时候，外壳与空气摩擦，会变得越来越热。如果速度超过音速的 2.5 倍，飞机外壳的温度就可能达到 220℃。在这样高的温度下，铝合金的强度就要下降。而钛却不受影响，即使加热到 500℃—600℃，钛的性质也不会变化。所以高速飞机用钛或钛合金做外壳和部件最好。

钛的另一个重要的特性是耐腐蚀，它甚至不与王水发生作用。

由于钛具有上述特点，所以在科学技术中用途越来越广。

生词 New Words

1. 外壳（名）	wàiké	shell
2. 部件（名）	bùjiàn	part, component
3. 银（形、名）	yín	silver
4. 闪（动）	shǎn	to flash
5. 外表（名）	wàibiǎo	surface; outward appearance
6. 王水（名）	wángshuǐ	aqua regia

 **Exercises**

一、根据课文判断正误：

1. 一般飞机的外壳是用铝合金做的。
2. 高速飞机的外壳和部件是用钛合金做的。
3. 钛是做飞机最好的材料。
4. 钛的颜色是银白色的。
5. 钛不如钢坚硬。
6. 钛比钢轻。
7. 钛在五六百度的高温下也不会熔化。
8. 钛的熔点比铁高 100 多度。
9. 高速飞机的温度可以达到 200 多度。
10. 王水和钛不发生作用。

二、根据课文回答问题：

1. 钛有哪些特性？
2. 为什么高速飞机的外壳和部件要用钛合金来制造？

课文二　未来的金属——钛

课文 Text

　　在历史上，最早得到普遍使用的金属是铜。后来铁很快就代替了铜，成为使用最多的金属。后来，随着炼铝工业的发展，铝的产量越来越多，现在世界上铝的总产量已经超过了铜，只次于钢铁。近 20 多年来，钛又引起了人们的普遍注意。

　　钛具有比重小、强度大、耐高温、耐腐蚀的特点。钛的硬度和钢铁差不多，重量只有同体积钢铁的一半。钛耐高温，它的熔点是 1675℃，比黄金的熔点高 600 多摄氏度。钛在常温下很稳定，即使在强酸、强碱的溶液里，甚至在王水中，也不会被腐蚀。

　　因此，钛在科学技术上很有用。钛可以用来制造飞机、军舰。钛没有磁性，用它制造的军舰就不会被磁性水雷发现。在化学工业上，钛可以代替不锈钢。钛在医学上也有着特别的用途。

钛的提炼是很不容易的。因为钛的熔点非常高，所以要在高温下进行提炼。而在那样高的温度下，钛的化学性质变得比较活泼了，能和氧、碳、氮等许多元素发生反应，因此，钛一定要在没有空气的情况下提炼。现在钛的提炼问题已经得到解决。钛成为铜、铁、铝之后的第四种使用最多的金属。因此，钛被称为"未来的金属"。

生词 New Words

1. 未来（名）	wèilái	future
2. 成为（动）	chéngwéi	to become
3. 提炼（炼）	tíliàn	to extract
4. 产量（名）	chǎnliàng	output
5. 次（形）	cì	less than
6. 硬度（名）	yìngdù	hardness
7. 黄金（名）	huángjīn	gold
8. 酸（名）	suān	acid
9. 碱（名）	jiǎn	alkali
10. 军舰（名）	jūnjiàn	warship
11. 水雷（名）	shuǐléi	mine (under water)
12. 不锈钢（名）	búxiùgāng	stainless steel
13. 医学（名）	yīxué	medical science
14. 活泼（形）	huópō	lively
15. 之后（名）	zhīhòu	later, after, afterwards

练习 Exercises

一、根据课文判断正误：

1. 现在普遍使用的金属是铝和钢铁。
2. 钛的硬度和钢铁差不多。
3. 钛的比重是钢铁的一半。
4. 钛的熔点比黄金高很多。
5. 钛不会被强酸、强碱腐蚀。
6. 钛没有磁性。
7. 钛在常温下进行提炼。
8. 钛必须在没有空气的情况下进行提炼。
9. 在高温下，钛的化学性质比较活泼。
10. 钛和钛合金在航空、航海、化学工业等领域有着广泛的应用。

二、根据课文回答问题：

钛为什么被称为"未来的金属"？

合成词的构成方式（十六）
Formation Rules of Compound Words (16)

名词 + 量词 Nouns + Measure Words

在一些名词后边加上相应的量词，构成表示该事物总称的名词，如"书本"、"纸张"、"船只"、"车辆"、"人口"等。后面的量词已经失去了计量的功能和意义，成了附加性很强的词素。这类词前边一般不再受数量词的修饰。

Some nouns, when followed by their relevant measure words, can form new nouns which represent the general terms for the things denoted, e.g., 书本，纸张，船只，车辆，人口 etc. In these cases, the measure words following the nouns lose their measuring functions and become merely attached morphemes. These kinds of nouns cannot generally be preceded by measure words.

第二十课
LESSON 20

课文一　地球上最多的金属——铝

 **Text**

　　许多人认为铁是地球上最多的金属。其实，地球上最多的金属是铝，第二才是铁。因为铝的化学性质比较活泼，所以提炼铝也就比较困难。因此，人们炼铝比炼铁晚得多，铝被称为"年轻的金属"。在一百多年前，铝被认为是一种贵金属，比黄金还贵。那时人们是用金属钠来制取铝的。钠很贵，铝就更贵了。后来，人们发明了大量生产铝的新方法，铝才开始走向工业、走向生活的各个方面。

　　铝是银白色的轻金属，比重只有2.7。纯净的铝延展性很好，可以压成很薄的"银纸"。

　　铝的导电性、导热性也都很好，人们常用它来代替铜，制造电线。特别是在远距离送电时，大多用铝线代替铜线。

　　由于铝太软了，人们常常往里边加入少量的其他金属，制成铝合金。铝合金又硬又轻，耐腐蚀，而且比较美观，用处很大。

　　铝是银白色的，而铝制品没用多久，表面就失去了这种特殊的金属光泽。这是因为铝的表面与空气中的氧气发生反应，生成了一层氧化铝。这层氧化铝不怕水，不怕火，甚至不怕硝酸，不过这层氧化铝怕碱，所以不能在铝制容器里放碱性物质。

New Words

1. 钠（名）	nà	sodium (Na)
2. 制取（动）	zhìqǔ	to produce
3. 薄（形）	báo	thin
4. 大多（副）	dàduō	for the most part; mostly
5. 少量（形）	shǎoliàng	a small amount
6. 硬（形）	yìng	hard
7. 氧化铝（名）	yǎnghuàlǚ	aluminum oxide (Al_2O_3)

8. 火（名）	huǒ	fire
9. 硝酸（名）	xiāosuān	nitric acid (HNO_3)
10. 怕（动）	pà	be vulnerable

 **Exercises**

一、根据课文判断正误：

1. 铁是地球上最多的金属。

2. 铝的化学性质比较活泼。

3. 提炼铝比提炼铁困难。

4. 铝很轻，比重只有 2.7。

5. 纯净的铝延展性很好。

6. 铝的导电性、导热性都很好。

7. 在远距离输电中，多用铝线。

8. 铝合金比铝硬度大。

9. 铝的表面很容易生成一层氧化铝。

10. 氧化铝耐酸、耐碱。

二、根据课文回答问题：

金属铝有哪些性质？

课文二　金刚石和石墨

 **Text**

很早以前，人们就知道金刚石是非常硬的东西，用它来切割玻璃，或把它装在钻头上，用来开采矿石。在我们知道的自然界物质中，金刚石是最硬的了。金刚石为什么那么硬呢？它是由什么组成的呢？

我们把金刚石放在纯净的氧气中，加热到 800℃以上，它就会燃烧起来，变成看不见的二氧化碳，没有别的东西留下来。可见，金刚石就是纯净的碳。

石墨很软，用它在纸上一画，就会出现一条黑道。我们用的铅笔并不是用金属铅制成的，而是用石墨制成的。干电池里的电极也是用石墨制成的。

金刚石晶体结构示意图

石墨晶体结构示意图

金刚石和石墨的性质很不一样，可是我们可以把石墨变成金刚石，也可以把金刚石变成石墨。在 2000℃和 10000 个大气压的情况下（用铂催化），石墨可以变成金刚石；在没有空气的情况下，加热金刚石，它就会变成石墨。可见石墨也是一种纯净的碳。

金刚石和石墨既然都是碳，为什么性质却极不相同呢？这是因为它们的晶体结构不同。在金刚石中，每一个碳原子周围有四个等距离的碳原子，这种晶体结构使它具有很大的硬度。在石墨中，每个碳原子和其他三个碳原子结合，形成层状结构，层与层之间容易滑动，所以比较软。

生词 New Words

1. 金刚石（名）	jīngāngshí	diamond
2. 切割（动）	qiēgē	to cut
3. 钻头（名）	zuàntóu	bit (of a drill)
4. 开采（动）	kāicǎi	to exploit
5. 道（名）	dào	line
6. 干电池（名）	gāndiànchí	battery; dry cell
7. 电极（名）	diànjí	electrode
8. 铂（名）	bó	platinum (Pt)
9. 催化（动）	cuīhuà	to catalyze
10. 等（形）	děng	equal
11.（层）状（名）	(céng)zhuàng	(laminated) state
12. 滑动（动）	huádòng	to slide

练习 Exercises

一、根据课文判断正误：

1. 在自然界中，金刚石最坚硬。
2. 开矿的钻头是用金刚石制造的。
3. 石墨很软。
4. 铅笔是用铅制作的。
5. 干电池里的电极是用石墨制成的。

6．金刚石和石墨的成分都是纯净的碳。

7．金刚石和石墨的性质极不相同。

8．金刚石和石墨的晶体结构相同。

9．金刚石的每个碳原子周围有四个等距离的碳原子。

10．石墨的每个碳原子和其他三个碳原子形成层状结构。

二、根据课文选择恰当的答案：

本文讲的主要内容是：

    A. 金刚石和石墨的用途   B. 金刚石和石墨的性质

    C. 金刚石和石墨的组成成分和晶体结构   D. 金刚石和石墨的成分相同

三、根据课文回答问题：

1．为什么说石墨和金刚石都是由碳组成的？

2．石墨和金刚石的性质为什么差别很大？

 语法知识 Grammar Points

合成词的构成方式（十七）
Formation Rules of Compound Words (17)

附加式 Supplementary Compound Words

附加式的词是由最基本成分和附加成分构成的。基本成分表示词的主要意义，附加成分表示附加的意义。附加成分在基本成分之前叫前加成分，在基本成分之后叫后加成分。

There is a kind of compound word known as a supplementary compound, which has two parts: one basic element indicating the main idea of the word, and one supplementary element which adds a supplementary meaning to the word. If the supplementary element precedes the main one, it is a "prefix". If the supplementary element comes after the main one, it is a "suffix".

附加成分大都是由过去的独立的词变化而来的，是具有实在的词虚化的结果。它是发展中的现象，有的还在形成过程之中，因此，虚化的程度各不相同。

Most of the supplementary elements stem from words whose meaning has been weakened by varying degrees.

附加成分所表示的意义一般是比较抽象、概括的。有的只有语法意义，有的既有语法意义，也有词汇意义。

Their meanings, in general, are abstract. Some of them retain grammatical functions only, while others have both grammatical functions and real meanings.

附加式 Supplementary Compound Words（1）

前加成分"第"："第"放在数词前构成序数词，表示序数。

The prefix：第 can be used before a cardinal numeral to form an ordinal one. E.g.,

例如：第一、第二、第三层、第四次、第五级、第六组

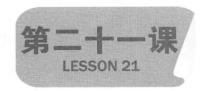

课文一　温度计的发明

 **Text**

　　最早发明温度计的是伽利略。他利用空气热胀冷缩的性质制造了一个空气温度计。这个温度计由一个连着玻璃球的细长玻璃管组成，玻璃管倒插在一个装着水的瓶子里。天热的时候，玻璃管里的空气就会膨胀，玻璃管里的水面就要下降；天气冷的时候，玻璃管里的空气就会收缩，玻璃管里的水面就要上升；这样就可以测出气温来了。

　　不过，这种温度计有个缺点，由于瓶口不是密封的，大气压总是压在瓶子里的水面上，即使天气的冷热没有变化，随着大气压的增大或减小，玻璃管里的水面也会上升或下降。这样测出的温度就不准确。

　　后来，伽利略的学生发现酒精的体积能随着温度的升高或降低而发生明显的变化，于是他把酒精装在密闭的真空玻璃管里，制成了不受大气压影响的酒精温度计。

　　但是，酒精在 78℃ 要沸腾，因此酒精温度计不能用来测量高温。

　　直到 1695 年才有人用水银代替酒精，制成水银温度计。水银的沸点是 357℃，所以测高温时用水银温度计。不过，水银在 −39℃ 会凝结成固体，所以不能用水银温度计测低温。测低温时用酒精温度计，酒精的凝固点是 −114℃。

New Words

1. 连（动）	lián	to link
2. 细长（形）	xìcháng	long and thin
3. 缺点（名）	quēdiǎn	defect
4. 密封（动）	mìfēng	to seal
5. 明显（形）	míngxiǎn	obvious
6. 真空（名）	zhēnkōng	vacuum
7. 沸腾（动）	fèiténg	to boil
8. 直到（动）	zhídào	until; up to

 **Exercises**

一、根据课文判断正误：

1．伽利略最早发明了温度计。
2．伽利略发明的是空气温度计。
3．空气温度计受大气压的影响测出的温度不准确。
4．酒精的体积随温度的变化而发生明显的变化。
5．酒精温度计是把酒精装在密闭的真空玻璃管里制成的。
6．酒精温度计测出的温度不受大气压的影响。
7．水银的沸点比酒精高 179℃。
8．酒精的凝固点比水银低 75℃。
9．酒精温度计不能测量高于 78℃的温度。
10．水银温度计不能测量低于零下 39℃的低温。

二、根据课文回答问题：

各种温度计是怎样发明的？

课文二　温度和温度计

课 文 Text

温度，我们天天都会听到这个词。每天电视里播送天气预报的时候，都要报告一天中的最高气温和最低气温。我们感觉一个物体热的时候，我们就说它的温度高；我们感觉一个物体冷的时候，我们就说它的温度低。其实，凭人的感觉说一个物体温度的高低是非常不准确的。要想知道一个物体的准确温度，就必须用温度计测一测。

生活中常用的温标有两种：华氏温标，用℉表示；摄氏温标，用℃表示。同一个温度可以用华氏温标表示，也可以用摄氏温标表示。水在 32℉或 0℃时变成冰，水在 212℉或 100℃时变成气体。

常用的温度计有水银温度计和酒精温度计两种。此外，还有电阻温度计、温差电偶温度计

等。水银温度计是把水银装在一个下端为球形的密封玻璃管里制成的。为了得到温度计的刻度，首先把温度计的球形部分放在冰水里，在水银的液面处做一个记号，这一点就是0摄氏度。然后再把温度计的球形部分放到水蒸气中，水银在管中上升，我们再在水银新的液面处做一个记号，把这一点定为100摄氏度。最后把两个记号之间分成100等分，1等分代表1摄氏度，这就是摄氏温标。

华氏温标是规定在一个大气压下水的冰点为32华氏度，沸点是212华氏度，中间分为180等分，每等分代表1华氏度。

华氏温标和摄氏温标之间的换算关系是：

$$F = \frac{9}{5}C + 32，或 C = \frac{5}{9}(F - 32)。$$

生词 New Words

1. 凭（动）	píng	to lean on; to rely on
2. 温标（名）	wēnbiāo	temperature scale
3. 华氏（名）	Huàshì	Fahrenheit
4. 电偶（名）	diàn'ǒu	(Biochemistry) couple
5. 记号（名）	jìhào	mark
6. 定（动）	dìng	to fix, to set
7. 等分（名）	děngfēn	equal length
8. 换算（动）	huànsuàn	to convert

练习 Exercises

一、根据课文判断正误：

1. 常用的温标有华氏温标和摄氏温标。

2. 中国常用摄氏温标。

3. 水的冰点为0摄氏度，或32华氏度。

4. 水的沸点为100摄氏度，或212华氏度。

5. 在摄氏温标中，每等分代表1摄氏度。

6. 在华氏温标中，每等分代表1华氏度。

7. 50摄氏度是122华氏度。

8. 50华氏度是20摄氏度。

二、根据课文选择恰当的答案：

本课讲的主要内容是：

A. 温度的测定   B. 常用的温度计

C. 水银温度计的制作方法   D. 华氏温标和摄氏温标

三、根据课文回答问题：

1. 温度计的刻度是怎样确定的？

2. 华氏温标和摄氏温标有什么区别和联系？

语法知识 **Grammar Points**

合成词的构成方式（十八）
Formation Rules of Compound Words (18)

附加式 Supplementary Compound Words（2）

前加成分"相"表示相互的关系。

The prefix 相 : equivalent to "each other", is prefixed to some verbs to form new verbs indicating reciprocal actions. E.g.,

例如：相加、相减、相乘、相除、相差、相等、相吸、相斥、相似、相交

前加成分"超"表示超出、超过，程度极高。

The prefix 超 : means "ultra-" or "super" and is often prefixed to a noun to form a new word indicating a higher degree than of the quality signified by the noun by itself. E.g.,

例如：超速、超重、超音速、超低温、超导体、超高压、超声波、超低空、超短波

第二十二课
LESSON 22

课文一　浓硫酸和稀硫酸

课文 Text

　　纯硫酸是无色油状的液体，能够以任何比溶解在水里，所以可配置成任何浓度的硫酸。虽然都是硫酸，但浓硫酸和稀硫酸性质却大不相同。

　　把铁片扔进稀硫酸里，会立刻放出大量氢气泡，不久，铁片就被稀硫酸溶解，变成绿色的硫酸亚铁。浓硫酸就不是这样。把铁片扔进浓硫酸里，铁片仍旧安安静静地，几乎不跟浓硫酸发生化学反应。因此，我们可以用铁容器装浓硫酸。

　　浓硫酸和稀硫酸的性质为什么差别这么大呢？因为浓硫酸是强氧化剂，具有很强的氧化性。在常温下，浓硫酸跟某些金属如铁、铝等接触，能够使金属表面生成一层氧化膜，这层膜保护了内部金属，使之不再与浓硫酸发生反应。相反，稀硫酸的氧化性很弱，不能使铁氧化。同时，因为稀硫酸里有大量的水，硫酸分子容易离解为氢离子和硫酸根离子，这样，它就具有更强的酸性，能使铁很快地溶解掉。

　　一般浓硫酸中硫酸含量在 98% 以上。只要硫酸含量达到 93%，就不会把铁溶解掉。不过要注意，浓硫酸容易吸收水分子，时间一长，它就会吸收空气中的水分而变成稀硫酸，把铁容器腐蚀坏，所以平时要把装浓硫酸的容器盖好，以免浓硫酸吸收水分。

生词 New Words

1. 无色	wú sè	colourless
2. 配置（动）	pèizhì	to compound
3. 硫酸亚铁（名）	liúsuānyàtiě	ferrous sulphate (FeSO$_4$)
4. 安静（形）	ānjìng	quiet
5. 氧化剂（名）	yǎnghuàjì	oxidising agent
6. 氧化（动）	yǎnghuà	to oxidise
7. 接触（动）	jiēchù	to contact

8. 膜（名）	mó	thin coating
9. 保护（动）	bǎohù	to protect
10. 内部（名）	nèibù	inside
11. 弱（形）	ruò	weak
12. 离解（动）	líjiě	to dissociate
13. 离子（名）	lízǐ	ion
14.（硫酸）根（名）	(liúsuān)gēn	(sulphuric acid) radical
15. 含量（名）	hánliàng	content
16. 水分（名）	shuǐfèn	moisture

练习 Exercises

一、根据课文判断正误：

1. 纯硫酸是无色油状的液体。

2. 任何浓度的硫酸都可以制得。

3. 浓硫酸跟铁不发生化学反应。

4. 稀硫酸跟铁发生化学反应，生成氢气和硫酸亚铁。

5. 浓硫酸的氧化性很强。

6. 浓硫酸会在铁的表面生成一层保护膜。

7. 稀硫酸的氧化性很弱。

8. 稀硫酸的酸性很强，能把铁溶解掉。

9. 可以用铁容器装硫酸。

10. 浓硫酸和稀硫酸的性质差别很大。

二、根据课文选择恰当的答案：

这篇课文的主要内容是：

A. 稀释浓硫酸　　　　　B. 可以用铁容器装硫酸

C. 稀硫酸能溶解铁　　　D. 浓硫酸和稀硫酸的性质差别

三、根据课文回答问题：

1. 浓硫酸和稀硫酸的性质有什么不同？

2. 为什么可以用铁容器装浓硫酸？

课文二　浓盐酸的白雾

 **课文 Text**

　　盐酸是氯化氢气体的水溶液。氯化氢是没有颜色而具有刺激性臭味的气体。它像一个喜欢游泳的年轻人，一见到水就往里钻。在 0℃时，1 体积的水大约能溶解 500 体积的氯化氢，同时放出热量。在 20℃时，100 克浓盐酸里有 42 克氯化氢，它的浓度是 42%。商店里买的浓盐酸，一般没有这么浓。比重是 1.19 的浓盐酸，浓度只有 37%。常用的稀盐酸只含有 10% 或更少的氯化氢。

　　浓盐酸里有很多氯化氢分子，就像很多人挤在游泳池里一样，一部分氯化氢分子很容易跑到空气中来。如果空气很潮湿，它们就钻到空气里的水蒸气中去，形成悬浮在空气中的盐酸微粒，这种微粒多了就像白雾一样。含有 10% 氯化氢的稀盐酸在空气里不会形成白雾。

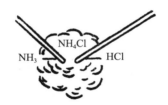　　用两个玻璃棒，一根的一端蘸浓盐酸，另一根的一端蘸浓氨水，使两根玻璃棒接近，立刻会看到在两根玻璃棒之间有白烟生成。这个反应的方程式是：

$$HCl + NH_3 = NH_4Cl$$

　　在实验室里，常用这种方法来鉴别某一种气体是不是氯化氢。

　　盐酸有刺激性臭味和腐蚀性。人在浓盐酸的白雾中，时间长了是很有害的，因此在使用浓盐酸的时候，要防止吸入盐酸的雾滴，以免中毒。

　　盐酸广泛应用于化学工业、冶金工业、石油工业等领域。

生词 New Words

1. 雾（名）	wù	mist
2. 氯化氢（名）	lǜhuàqīng	hydrogen chloride (HCl)
3. 刺激（动）	cìjī	to stimulate
4. 臭味（名）	chòuwèi	stink; foul smell
5. 钻（动）	zuān	to get into
6. 挤（动）	jǐ	to jostle; to push against
7. 潮湿（形）	cháoshī	moist
8. 棒（名）	bàng	stick

9. 蘸（动）	zhàn	to dip
10. 氨水（名）	ānshuǐ	ammonia water
11. 烟（名）	yān	smoke
12. 方程式（名）	fāngchéngshì	equation
13. 鉴别（动）	jiànbié	to distinguish
14. 滴（名）	dī	drop
15. 中毒（动）	zhòngdú	to poison
16. 冶金（名）	yějīn	metallurgy

练习 Exercises

一、根据课文判断正误：

1. 氯化氢的水溶液就是盐酸。

2. 氯化氢是无色无味的气体。

3. 氯化氢极易溶于水。

4. 常用的稀盐酸中氯化氢的含量不高于 10%。

5. 浓盐酸的白雾是悬浮在空气中的盐酸微粒。

6. 浓盐酸和浓氨水发生反应会生成白烟。

7. 盐酸有刺激性臭味。

8. 盐酸对许多金属有腐蚀作用。

9. 人吸入盐酸的雾滴会中毒。

10. 盐酸也应用于石油工业。

二、根据课文选择恰当的答案：

这篇课文的内容未谈到：

A. 氯化氢的性质　　　　　B. 盐酸的性质

C. 鉴别氯化氢的方法　　　D. 氯化氢的制法（zhìfǎ way of making）

三、根据课文回答问题：

1. 氯化氢有哪些性质？

2. 盐酸有哪些性质？

3. 怎样鉴别氯化氢这种气体？

合成词的构成方式（十九）
Formation Rules of Compound Words (19)

附加式 Supplementary Compound Words（3）

前加成分"非"表示不属于某类事物或某种范围。

The prefix 非 means "un-" or "non-", and is often prefixed to a noun to form a word meaning "not belonging to a certain class". E.g.,

例如：非金属、非导体、非溶液、非电解质、非静电力

前加成分"多"表示数量大。

The prefix 多 means "poly-" or "multi-", and is often prefixed to a noun to form a word meaning "numerous". E.g.,

例如：多云、多层、多级、多值、多极、多边形、多媒体、多晶体、多面体、多位数

课文一　互联网上的 WWW

 Text

经常上网的人都知道，大多数网站的域名都以"WWW"开头，这是为什么呢？

WWW (World Wide Web)，中文译为万维网，又称 Web。它最早是由欧洲开发出来的多媒体咨询查询系统。1993 年，WWW 有了突破性的进展，成为互联网上最流行的信息查询和传播工具。网络迅速发展后，万维网吸引了无数的网站加入，所以网站域名大都以 WWW 开头。

通过万维网，用户只需借助于浏览器软件，在地址栏里输入所要查看的页面地址，就可以连接到这个地址所指向的 WWW 服务器，从里面查找所需要的图文信息。由于用户在通过浏览器访问信息资源的过程中，不必关心技术性的细节，而且界面非常直观，因而，WWW 得到了迅速的发展。它具有多媒体集成功能，能提供具有声音和动画的界面与服务。

万维网是人类历史上最广泛的传播媒介，它使地球上不同地区的人们能够互相联系，大量的资源和信息能够在全球范围内共享。它的出现已经并且仍旧在改变着人类的生活方式。

生词 New Words

1. 网站（名）	wǎngzhàn	website
2. 域名（名）	yùmíng	domain name
3. 开头（名）	kāitóu	begin, start
4. 开发（动）	kāifā	to develop, to exploit; to open up
5. 咨询（动）	zīxún	to consult; to seek advice from
6. 查询（动）	cháxún	to inquire about
7. 突破（动）	tūpò	to break through; break
8. 用户（名）	yònghù	consumer, user
9. 借助（动）	jièzhù	to have the aid of
10. 浏览器（名）	liúlǎnqì	browser (software)
11. 软件（名）	ruǎnjiàn	software

12. 栏（名）	lán	column
13. 查看（动）	chákàn	to look over; to examine
14. 页面（名）	yèmiàn	web page
15. 连接（动）	liánjiē	to join, to link
16. 服务器（名）	fúwùqì	server
17. 查找（动）	cházhǎo	to search
18. 图文（名）	túwén	picture and text
19. 细节（名）	xìjié	details, particulars
20. 直观（形）	zhíguān	visual
21. 集成（动）	jíchéng	to integrate
22. 功能（名）	gōngnéng	function
23. 动画（名）	dònghuà	animated cartoon
24. 媒介（名）	méijiè	medium, intermediary
25. 全球（名）	quánqiú	the whole world
26. 共享（动）	gòngxiǎng	to share

专名 Proper Names

| 万维网 | Wànwéiwǎng | World Wide Web |

 Exercises

一、根据课文判断正误：

1. 大多数网站的域名都以"WWW"开头。

2. 万维网的英文全名为 World Wide Web。

3. 万维网是信息查询和传播工具。

4. 使用万维网，要借助于浏览器软件。

5. 只要在地址栏里输入地址，就可以找到所需要的服务器。

6. 万维网的界面直观，方便查找多媒体信息。

7. 在万维网的界面上可同时显示文字、动画和声音。

8. 万维网是人类历史上最广泛的传播媒介工具。

9. 万维网能够使大量的资源和信息全球共享。

10. 万维网在不断地改变着人类的生产和生活方式。

二、根据课文回答问题：

1. 什么是万维网？为什么网站域名大都以 WWW 开头？

2. 怎样使用万维网？

3. 为什么说"万维网的出现已经并且仍旧在改变着人类的生活方式"？

课文二　方便快捷的电子邮件

 **课文 Text**

　　电子邮件是一种用电子手段提供信息交换的通信方式，是互联网上应用最广的服务。通过网络的电子邮件系统，用户可以用低廉的价格，以快速的方式，与世界上任何一个角落的用户联系。这些邮件可以是文字、图像、声音等各种形式。

　　电子邮件的工作过程遵循客户—服务器模式。电子邮件的发送方构成客户端，而接收方是含有众多用户的电子信箱。服务器发送方通过邮件程序，将邮件向服务器发送。服务器将消息存放在接收者的电子信箱内，并告知接收者有新邮件到来。接收者连接到服务器后，输入自己的电子邮件地址和密码，打开电子信箱就可以查收邮件了。所以，电子邮件是可以一对多发送的。

　　由于具有使用简易、投递迅速、收费低廉、易于保存、全球畅通等优点，电子邮件得到广泛应用。它的出现使人们的交流方式发生了极大的改变。

生词 New Words

1. 快捷（形）	kuàijié	shortcut
2. 手段（名）	shǒuduàn	means, medium, method
3. 交换（动）	jiāohuàn	to exchange
4. 低廉（形）	dīlián	cheap, inexpensive
5. 价格（名）	jiàgé	price
6. 快速（形）	kuàisù	fast, quick, high-speed
7. 角落（名）	jiǎoluò	corner, nook
8. 图像（名）	túxiàng	picture, image
9. 遵循（动）	zūnxún	to abide by; to follow
10. 客户（名）	kèhù	customer, client
11. 模式（名）	móshì	mode, method
12. 方（名）	fāng	side, party
13. 接收（动）	jiēshōu	to receive
14. 众多（形）	zhòngduō	multitudinous, numerous
15. 信箱（名）	xìnxiāng	mailbox
16. 程序（名）	chéngxù	program
17. 者（代）	zhě	-ist, -er (person), person (who does sth.)

18. 告知（动）	gàozhī	to inform, to notify
19. 密码（名）	mìmǎ	cipher code; secret code
20. 查收（动）	cháshōu	to check
21. 简易（形）	jiǎnyì	simple and easy
22. 投递（动）	tóudì	to deliver
23. 收费（动）	shōufèi	to charge
24. 保存（动）	bǎocún	to preserve, to keep
25. 畅通（形）	chàngtōng	unimpeded, unblocked
26. 交流（动）	jiāoliú	to exchange

练习 Exercises

一、根据课文判断正误：

1. 电子邮件是通过电子通信系统进行信息交换的。

2. 电子邮件传送的快慢几乎与距离远近没有关系。

3. 通过电子邮件可以与世界上任何一个用户联系。

4. 电子邮件除了传送文字以外，还可以传送图像、声音等信息。

5. 电子邮件投递迅速、收费低廉。

6. 电子邮件可以一对多发送。

7. 发送邮件和接收邮件是通过服务器进行的。

8. 发送和查收电子邮件必须输入自己的电子邮件地址。

9. 打开电子邮箱要输入密码。

10. 电子邮件极大地改变了人们的交流方式。

二、根据课文回答问题：

1. 什么是电子邮件？

2. 电子邮件有哪些优点？

3. 为什么说"电子邮件的出现使人们的交流方式发生了极大的改变"？

 **Grammar Points**

合成词的构成方式（二十）
Formation Rules of Compound Words (20)

附加式 Subordinate Compound Words（4）

前加成分"单"表示简单纯一。

The prefix 单 means "mono-" and is often prefixed to a word to form a new word indicating "simple and single". E.g.,

例如：单程、单人、单色、单质、单值、单晶体、单色光

前加成分"半"表示"介于……之间"；不完全。

The prefix 半 means "semi-" and is often prefixed to a word to form a new word indicating "something between or incomplete". E.g.,

例如：半导体、半流体、半透明、半自动

第二十四课
LESSON 24

课文一 光导纤维

你一定看到过商场里卖的光纤灯吧？它们发出漂亮的光。你是否知道光导纤维也是通信中一种非常重要的传输介质？

1960 年，世界上有了第一台激光器，人们开始了对光通信的研究，探索光的传输介质。最初，人们想到利用玻璃纤维，但是发现它对光的传输损耗极大。1966 年，英籍华人科学家高锟提出了光通过玻璃纤维的损耗可以降低的理论，世界各国开始了玻璃纤维的研究工作。1976 年，人们制成了每千米损耗 0.2 分贝的单模纤维。每千米光损耗 0.2 分贝意味着光导纤维的高度透明。我们可以用玻璃的透明度来做一下比较：普通玻璃的透明度只有几厘米，最好的光学玻璃也只有几米，而 0.2 分贝的光导纤维，它的透明度相当于 15 千米，可见光导纤维的透明度有多高。进入 20 世纪 80 年代，已经达到每千米损耗 0.16 分贝，也就是说，光经过光导纤维传输 1 公里仅损耗 4%。这样光导纤维技术只用了 10 多年的时间，就已经形成了一门高技术产业，达到实用阶段，并迅速进入信息传输技术领域，为光纤通信技术的飞速发展奠定了物质基础。

光导纤维由纤芯和包层构成。光纤呈圆柱状，一般包层直径为 125 微米，纤芯直径单模为 0.4 微米到 10 微米，多模光纤为 50 微米。纤芯和包层不是一种材料制成的，纤芯的折射率比包层稍高些，这样射入的光在纤芯和包层的交界面上产生全反射，使光波在纤芯中向前传播。

光导纤维有很多优点，例如：体积小，质量轻；传输的损耗低，传输距离可以很长；光纤的传输频带很宽，能传送的信息量比电缆大得多。

生词 New Words

1. 灯（名）	dēng	lamp, light
2. 激光器（名）	jīguāngqì	laser

3. 最初（名）	zuìchū	initial, first
4. 英籍华人	Yīngjí huárén	British Chinese
5. 提出（动）	tíchū	to advance
6. 理论（名）	lǐlùn	theory
7. 分贝（量）	fēnbèi	decibel (db)
8. 单模（名）	dānmó	single mode
9. 意味（动）	yìwèi	to signify, to mean, to imply
10. 普通（形）	pǔtōng	ordinary, general
11. 透明度（名）	tòumíngdù	transparency
12. 光学（名）	guāngxué	optics
13. 年代（名）	niándài	age, years
14. 仅（副）	jǐn	only, merely
15. 产业（名）	chǎnyè	industrial
16. 阶段（名）	jiēduàn	stage, phase
17. 飞速（形）	fēisù	at full speed
18. 奠定（动）	diàndìng	to establish, to settle
19. 纤芯（名）	xiānxīn	core (of a fibre)
20. 包层（名）	bāocéng	covering (on a fibre)
21. 折射率（名）	zhéshèlù	index of refraction
22. 射入（动）	shèrù	send into
23. 交界（动）	jiāojiè	to have a common border with
24. 全反射（名）	quánfǎnshè	total reflection

练习 Exercises

一、根据课文判断正误：

1．光导纤维是一种能传导光的极细的玻璃丝。

2．世界上第一台激光器是 1960 年制成的。

3．人们是在 1960 年以后开始探索光通信的介质。

4．高锟提出了光通过玻璃纤维降低损耗的理论。

5．普通玻璃的透明度只有几厘米。

6．光通过光导纤维的损耗已经降低到每公里 4%。

7．光导纤维的透明度已经相当高。

8．高透明度的光导纤维加快了光纤通信技术的发展。

9．光导纤维是由纤芯和包层构成。

10．光纤传输频带宽，传送的信息量大。

二、根据课文回答问题：

1. 什么是光导纤维？
2. 谈谈光导纤维的构造和工作原理。
3. 光导纤维有哪些优点？

课文二　为什么手机在哪里都能接通？

 **课 文 Text**

手机精致漂亮，只有手掌大小，随身携带，在哪儿都可以通话。大家想过没有，为什么手机在哪里都能接通呢？

手机的使用与一个极其庞大而严密的通讯网是分不开的。普通电话是先把声音变成电流信号，然后沿着电话线，才能把声音传到远方。而手机却不同，它使声音经过一定的转换，变成具有统一格式的无线电信号，再以无线电波的方式传送出去。无线电波不需要电话线，直接就能在空气中传播。附近的通讯网基站接到信号后，经过处理，再将无线电信号还原成普通的语音信号，然后通过别的设备，最终连接上用户的电话。手机就是通过与各处的通讯网基站不断进行无线电信号的交换来通话的。

每一个通讯网基站都使用全方位天线，服务半径约为 10 千米。只要基站合理分布，就可以避免盲区。基站的服务网络系统是一个正六边形小区，好像蜂窝一样。人们常说的蜂窝式移动电话，指的就是这种服务网络。现在，通过卫星传送，手机也能把电话信号传送到很远的地方。就这样，手机实现了"全球通"。

生 词 New Words

1. 精致（形）	jīngzhì	fine, delicate
2. 手掌（名）	shǒuzhǎng	palm
3. 随身（动）	suíshēn	to carry on one's person
4. 庞大（形）	pángdà	huge

5. 严密（形）	yánmì	tight, close
6. 统一（形）	tǒngyī	unified, unitary
7. 格式（名）	géshì	pattern, form, model
8. 无线电波（名）	wúxiàn diànbō	radio wave
9. 基站（名）	jīzhàn	base station
10. 最终（名）	zuìzhōng	final, ultimate
11. 全方位（名）	quánfāngwèi	all-round
12. 天线（名）	tiānxiàn	aerial, antenna
13. 合理（形）	hélǐ	rational, reasonable
14. 分布（动）	fēnbù	to be distributed; to be dispersed
15. 盲区（名）	mángqū	blind area
16. 小区（名）	xiǎoqū	residential area; neighbourhood
17. 式（名）	shì	model, type
18. 移动（动）	yídòng	to move

练习 **Exercises**

一、根据课文判断正误：

1. 无论要找的人在哪里，通过手机都能和他联系。

2. 手机只有在通讯网站的服务范围内才能接通。

3. 普通电话通过电话线才能把声音传送出去。

4. 手机是先把声音转换成无线电信号，再通过无线电波传送出去。

5. 手机通讯需要有庞大而严密的网络服务系统。

6. 通讯网基站把无线电信号转换成普通的语音信号。

7. 通讯网基站的分布一般采用蜂窝式结构。

8. 每一个基站的服务半径是 10 公里。

9. 通讯网基站的分布要合理，才能避免盲区。

10. 地面移动通信通过卫星传送可以实现"全球通"。

二、根据课文回答问题：

为什么手机在哪里都能接通？

语法知识 Grammar Points

合成词的构成方式（二十一）
Formation Rules of Compound Words (21)

附加式 Subordinate Compound Words（5）

后加成分"子"①附加在一些词后边构成名词。"子"①在这里只有语法意义，而无词汇意义，读轻声。

The suffix 子① is regularly added to certain words, and is pronounced in the neutral tone. E.g.,

例如：桌子、杯子、瓶子、盖子、钉子、例子、盒子、胖子

后加成分"子"②附加在某些词后边构成名词。"子"①在这里表示微小的质元，读第三声。

Some nouns with the suffix 子② denote minute particles. In these cases 子② is pronounced in the third tone. E.g.,

例如：分子、原子、质子、核子、粒子、电子、光子、中子

第二十五课
LESSON 25

课文一 海豚与潜艇声纳系统

 **Text**

　　不管白天还是黑夜、水质清澈还是浑浊，海豚都能准确地捕捉到鱼。这是因为海豚具有超声波探测和导航的本领。海豚没有声带，它的声源就是它头部内的瓣膜和气囊系统。海豚把空气吸入气囊系统，空气流过瓣膜的边缘发生振动，就会发出超声波。海豚的头部还有"脂肪瘤"，它 紧靠瓣膜和气囊的前面，能把回声定位脉冲束聚焦后再定向发射出去，因此海豚的定位探测能力极强。它能分辨 3 千米以外鱼的性质；能侦察到 15 米外浑水中 2.5 厘米长的小鱼。

　　科学家们受到海豚这种本领的启发，发明了在海中定位的声纳系统。声纳是声音导航与定位系统的缩写。声纳是利用水中的声波进行探测、定位和通信的电子设备。这个系统通常装在现代潜艇中。就像潜艇的"耳朵"，声纳可用于对水下目标进行探测、分类、定位和跟踪，它还能进行水下通信和导航。超声波能在水下远距离传播，并且传播速度是空气中传播速度的 4.5 倍，因此水下超声波探测装置的效能极高。

生词 **New Words**

1. 海豚（名）	hǎitún	dolphin
2. 潜艇（名）	qiǎntǐng	submarine
3. 声纳（名）	shēngnà	sonar
4. 黑夜（名）	hēiyè	night
5. 水质（名）	shuǐzhì	water quality

6. 清澈（形）	qīngchè	limpid, clear
7. 浑浊（形）	húnzhuó	muddy, turbid
8. 捕捉（动）	bǔzhuō	to catch, to seize
9. 导航（动）	dǎoháng	to navigate
10. 声带（名）	shēngdài	vocal chords
11. 瓣膜（名）	bànmó	valve
12. 气囊（名）	qìnáng	gasbag
13. 边缘（名）	biānyuán	edge
14. 振动（动、名）	zhèndòng	to vibrate; vibration
15. 脂肪（名）	zhīfáng	fat
16. 瘤（名）	liú	tumour
17. 定位（动、名）	dìngwèi	to orient, to orientate; fixed position
18. 脉冲（名）	màichōng	pulse
19. 聚焦（动、名）	jùjiāo	to focus; focusing
20. 定向（动、形）	dìngxiàng	to direct; directional
21. 浑水	húnshuǐ	muddy water
22. 启发（动、名）	qǐfā	to arouse, to inspire; inspiration
23. 缩写（动）	suōxiě	to abbreviate
24. 目标（名）	mùbiāo	objective, target
25. 分类（动）	fēnlèi	to classify
26. 跟踪（动）	gēnzōng	to track, to tail; to follow the tracks of
27. 效能（名）	xiàonéng	efficacy

练习 Exercises

一、根据课文判断正误：

1. 海豚具有超声波探测和导航的本领。

2. 海豚发出的超声波是它头部内的瓣膜和气囊系统制造的。

3. 海豚的头部的"脂肪瘤"能定向发射脉冲束。

4. 声纳系统是受到海豚的启发而发明的。

5. 声纳是利用水中的声波进行探测、定位和通信的电子设备。

6. 在现代潜艇中通常装有声纳系统。

7. 声纳就像潜艇的"耳朵"。

8. 声纳系统能分辨目标的方位和距离。

9. 声纳系统能发现、跟踪目标。

10. 声纳系统采用超声波提高了探测能力。

二、根据课文回答问题：

1．海豚有什么特殊本领？这与它的身体构造有什么关系？
2．什么是声纳系统？它有什么用途？

课文二　雷　达

雷达的技术十分复杂，但是它的基本原理很简单。让我们来看看它是怎么工作的。

大家都知道，光线是会被反射的。当光线投射在物体上，就被物体反射回来，投入我们的眼里，于是我们就能看见物体了。

同样，声波也会反射。当你走进山谷向着高山大声叫喊，不一会儿就会听到回声，这是由于你的声音通过空气在向前传播时，碰到高山又被反射回来的缘故。

雷达的工作原理也一样，只不过它发射的不是光波和声波，而是无线电波。雷达的天线将无线电波会聚成一条很细的波束，向一定的方向发射出去。当无线电波在前进的道路上碰到金属物体（如空中的飞机）时，就会被反射回来，并在荧光屏上出现一些亮斑。从亮斑的大小、形状和明暗程度的不同，可以判断出物体的大小、性质和形状。另外，根据无线电波一去一回所用的时间，可以计算出物体距雷达的距离。

雷达的天线是可以转动的，无线电波束随着天线的转动在空中扫来扫去，可以发现任何方向的飞机。

雷达的应用日益广泛，在国防、航天、航空、航海、气象、天文等领域都能用到它。它不仅可以发现空中的飞机及测量它的坐标，而且可以使船舶在航行中及时发现海中的礁石，还可以跟踪人造卫星和宇宙飞船。

正因为雷达的这些神奇的探测功能，我们称它为"千里眼"。

生词 New Words

1. 光线（名）	guāngxiàn	light, ray
2. 投射（动）	tóushè	to cast, to project
3. 投入（动）	tóurù	to throw into; to put into
4. 缘故（名）	yuángù	cause, reason
5. 会聚（动）	huìjù	to converge, to assemble, to flock together
6. 波束（名）	bōshù	beam
7. 前进（动）	qiánjìn	to go forward
8. 道路（名）	dàolù	road
9. 斑（名）	bān	spot
10. 明（形）	míng	bright
11. 暗（形）	àn	dark, dim
12. 扫（动）	sǎo	to sweep
13. 国防（名）	guófáng	national defence
14. 航天（动、名）	hángtiān	to fly in outer space; spaceflight
15. 坐标（名）	zuòbiāo	coordinate
16. 船舶（名）	chuánbó	boats and ships
17. 航行（动）	hángxíng	to sail
18. 及时（副、形）	jíshí	timely, promptly
19. 礁石（名）	jiāoshí	reef, rock
20. 千里眼（名）	qiānlǐyǎn	farsighted person

练习 Exercises

一、根据课文判断正误：

1. 雷达发射的是光波或声波。

2. 雷达是利用无线电波反射原理制成的。

3. 雷达可以探测目标的位置、大小、形状和距离。

4. 雷达的天线将无线电波会聚成很细的波束，定向发射出去。

5. 发射的定向无线电波束遇到飞机会反射回来。

6. 从雷达屏上的亮斑可以判断飞机的位置、距离和速度。

7. 雷达转动的天线可以发现任何方向的飞机。

8. 雷达广泛应用于国防、航天、航空、航海、气象、天文等领域。

二、根据课文回答问题：

1. 雷达是怎样工作的?
2. 为什么称雷达为"千里眼"?

语法知识 Grammar Points

合成词的构成方式（二十二）
Formation Rules of Compound Words (22)

附加式 Subordinate Compound Words（6）

后加成分"儿"加在某些词后构成名词，常常表示微小或亲切的意思。

The suffix 儿 may be added to various nouns to form a compound word. It often indicates that the speaker thinks that the thing denoted is small or lovable. E.g.,

例如：小孩儿、小车儿、花儿、画儿、事儿、鸟儿

后加成分"头"作为单词有独立意义，作附加成分时没有实在意义，加在别的词后面构成一个名词，读轻声。

When used as the suffix of a noun, the word 头 has no real meaning. In these cases it is pronounced in the neutral tone. E.g.,

例如：木头、石头、罐头、甜头、砖头

第二十六课
LESSON 26

课文一　形状记忆合金与月球天线

 **Text**

　　美国曾经制订了一个月球表面天线计划，使通信工程更加先进。为了实施月球表面天线计划，必须用航天飞机把直径很大的抛物面天线运到月球上去，可是，怎样才能把如此庞大的天线装入内部非常狭小的航天飞机呢？美国宇航局使用了形状记忆合金技术。

　　形状记忆合金是一种具有独特的形状记忆功能的合金。这种合金材料在特定的温度条件下，其物理性质将会发生显著的变化，其几何形状在一定的临界温度下会恢复原来的形状。在实际应用中往往先对该合金进行预变形，然后，当对预变形的形状记忆合金加热，使其温度超过这种合金的转变温度时，形状记忆合金材料就会恢复到变形前的形状。

　　美国宇航局的科学家在室温下用极薄的形状记忆合金制成抛物面状的月球表面天线，然后把它压成直径 5 厘米以下的小团，放入"阿波罗 11 号"的登月舱内发射到月球上。在月球上经过太阳光的照射加热，使它恢复到原来的抛物面形状，变成一个巨大的半球形。这样就能用空间有限的航天飞机机舱运送体积庞大的天线了。

生词 New Words

1. 制订（动）	zhìdìng	to work out
2. 计划（动、名）	jìhuà	plan, project
3. 实施（动）	shíshī	to carry out; to put into effect
4. 抛物面（名）	pāowùmiàn	paraboloid
5. 狭小（形）	xiáxiǎo	narrow and small
6. 特定（形）	tèdìng	specified, given
7. 几何（名）	jǐhé	geometry
8. 临界（形）	línjiè	critical
9. 该（代）	gāi	that, this

10. 预（副）	yù	in advance; beforehand
11. 团（名）	tuán	ball, roll
12. 登月舱（名）	dēngyuècāng	luner module
13. 半球形（名）	bànqiúxíng	hemisphere
14. 有限（形）	yǒuxiàn	limited
15. 机舱（名）	jīcāng	cabin
专名 Proper Names		
1. 美国宇航局	Měiguó Yǔhángjú	US Space Agency
2. 阿波罗11号	Ābōluó Shíyī Hào	Apollo 11

练 习 Exercises

一、根据课文判断正误：

1．现在月球上有一个庞大的抛物面天线。

2．月球上的天线是由航天飞机运送到月球上去的。

3．月球上的天线是使用形状记忆合金制造的。

4．形状记忆合金在一定的临界温度下会恢复原来的形状。

5．把室温下制成的月球表面天线压缩成小团，很容易带到月球上去。

6．在月球上经过太阳光的照射，压缩的天线很快恢复了原来的形状。

二、根据课文回答问题：

1．形状记忆合金有什么特性？

2．美国宇航局是怎样把庞大的天线运到月球上去的？

课文二　　形状记忆合金

 **Text**

　　某些合金材料具有形状记忆的本领。为什么这些合金具有记忆能力呢？

　　在金属中，金属原子是按一定的方式排列起来的。当受到外力时，金属原子可以离开原来的位置而"迁居"到邻近的地方去暂时"借住"；而当金属受热时，由于从外界获得了一定的能量，金属里的原子又从"借住"的地方搬回原来的"家"去住。这就是我们看到的合金在加热到一定的温度后又恢复原状的过程。科学家把这种合金发生形状改变的温度叫做转变温度。每一种形状记忆合金都有自己的转变温度。各种形状记忆合金在转变温度以上时其晶体结构是稳定的。当我们在低于这个温度下用外力改变合金的形状时，合金的外形虽然发生了变化，但由于这时合金的晶体结构处于一种不稳定的状态，只要温度一旦达到转变温度，这种不稳定的晶体结构就会立即转变成稳定结构，使得它恢复到原来稳定结构时的形状。这就是用形状记忆合金做成的物体能回忆起原来的形状并发生变化的原因。

形状记忆合金回忆和变形的本领可以使其反复使用 500 万次而不断裂，而且它可以恢复得跟原来一模一样。目前形状记忆合金在航天、航空、医疗、国防、核工业及海底输油管道等一些特殊条件下有着广泛的应用。

生词 New Words

1. 能力（名）	nénglì	ability, capacity
2. 外力（名）	wàilì	external force
3. 迁居（动）	qiānjū	to move house; to change one's residence
4. 邻近（动）	línjìn	to be close; to be near
5. 暂时（名）	zànshí	temporary, transient
6. 借住（动）	jièzhù	to stay overnight at sb's house
7. 立即（副）	lìjí	immediately; at once
8. 回忆（动）	huíyì	to recall; to call to mind
9. 一模一样	yìmú-yíyàng	exactly alike; like two peas in a pod
10. 医疗（名）	yīliáo	medical treatment
11. 核（名）	hé	nucleus
12. 海底（名）	hǎidǐ	the bottom of the sea
13. 输油	shūyóu	to transport petroleum
14. 管道（名）	guǎndào	pipeline

练习 Exercises

一、根据课文判断正误：

1. 某些合金的晶体结构会随着温度的变化而发生形变。

2. 每一种合金都有自己的转变温度。

3. 转变温度就是使某种合金发生形状改变的温度。

4．在转变温度以上时形状记忆合金的晶体结构是稳定的。

5．在转变温度以下时形状记忆合金的晶体结构是不稳定的。

6．当温度在转变温度上下变化时，记忆合金就会膨胀或收缩，改变形状。

7．在转变温度以下时可以用外力改变记忆合金的形状。

8．温度一旦达到转变温度，记忆合金不稳定的晶体结构就会转变成稳定结构。

9．温度一旦达到转变温度，记忆合金就由现在的形状恢复到原来的形状。

10．形状记忆合金的应用领域很广泛。

二、根据课文回答问题：

1．为什么形状记忆合金具有记忆能力?

2．形状记忆合金广泛应用于哪些领域?

 **Grammar Points**

合成词的构成方式（二十三）
Formation Rules of Compound Words (23)

附加式 Subordinate Compound Words（7）

后加成分"性"加在某些词后面构成具有抽象意义的名词，表示事物的性质、性能或特征。

The suffix 性 may be combined with certain words to form abstract nouns. The suffix 性 here indicates the properties, qualities, and characteristics of certain things. E.g.,

例如：药性、词性、特性、惯性、弹性、酸性、碱性、磁性

科学性、技术性、氧化性、腐蚀性、延展性、放射性

后加成分"度"加在别的词后面构成一个名词，表示事物的性质所达到的程度。

A word combined with the suffix 度 forms a noun indicating the degree of a certain quality. E.g.,

例如：温度、湿度、高度、长度、厚度、强度、硬度

速度、密度、纬度、浓度、溶解度、透明度

课文一　数码相机的成像原理

 **Text**

　　数码相机的成像原理可以简单地概括为：电荷耦合器件（CCD）接收光学镜头传递来的影像，经过模／数转换器（A/D）转换成数字信号后储存于存储器中。

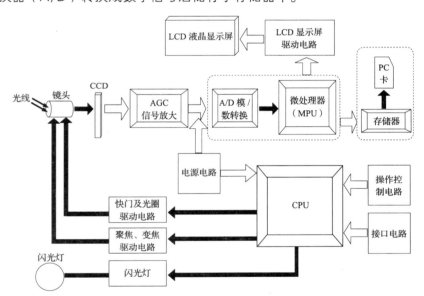

　　数码相机的光学镜头与传统相机相同，将影像会聚到感光器件上，即电荷耦合器件（CCD）。电荷耦合器件替代了传统相机中的感光胶片的位置，其功能是将光信号转换成电信号，与电视摄像相同。电荷耦合器件是半导体器件，是数码相机的核心，它里面所含有的单元数量决定了数码相机的成像质量——像素，单元越多，即像素数越高，成像质量越好。通常情况下，像素的高低代表了数码相机的档次和技术指标。电荷耦合器件将被摄物体的光信号转换成电信号——电子图像，这是模拟信号，还需要转换成数字信号，才能为电子计算机处理图像创造条件，这项工作将由模／数转换器（A/D）来完成。数字信号形成后，由微处理器（MPU）对信号进行压缩并转化为特定的图像格式储存。数码相机自身的液晶显示屏用来查看所拍摄图像的好坏，还可以通过软盘或输出接口直接传输给计算机，进行处理、打印、上网等工作。

生词 New Words

1. 电荷（名）	diànhè	charge
2. 耦合（动）	ǒuhé	to couple
3. 电荷耦合器件	diànhè ǒuhé qìjiàn	charge coupled device (CCD)
4. 模／数转换器（名）	mó/shù zhuǎnhuànqì	analogue-to-digital converter
5. 储存（动）	chǔcún	to memorize, to store
6. 摄像（动）	shèxiàng	to take a photograph
7. 核心（名）	héxīn	nucleus, core
8. 单元（名）	dānyuán	unit
9. 质量（名）	zhìliàng	mass, quality
10. 像素（名）	xiàngsù	pixel
11. 档次（名）	dàngcì	grade
12. 指标（名）	zhǐbiāo	target, index
13. 摄（动）	shè	to take a photograph
14. 微处理器（名）	wēichǔlǐqì	microprocessor
15. 显示屏（名）	xiǎnshìpíng	display
16. 好坏（形）	hǎohuài	good and bad; advantageous and disadvantageous
17. 软盘（名）	ruǎnpán	floppy drive
18. 输出（动）	shūchū	to export, to output
19. 打印（动）	dǎyìn	to print

练习 Exercises

一、根据课文判断正误：

1. 数码相机的光学镜头与传统相机相同。

2. 传统相机是将影像会聚到感光胶片上成像。

3. 数码相机的电荷耦合器件相当于传统相机中的感光胶片。

4. 数码相机是将影像会聚到电荷耦合器件上。

5. 电荷耦合器件是数码相机的核心。

6. 电荷耦合器件的功能是将被摄物体的光信号转换成电信号——电子图像。

7. 电荷耦合器件里的电子图像是模拟信号。

8. 模／数转换器是把模拟信号转换成数字信号。

9. 微处理器把数字信号进行压缩并转化为特定的图像格式储存。

10．液晶显示屏用来查看所拍摄图像的好坏。

11．数字化图像可以由计算机进行处理、打印和传送。

12．像素的高低代表了数码相机的档次和技术指标。

二、根据课文回答问题：

1．谈谈数码相机中下列器件的功能：

    A．电荷耦合器件   B．模／数转换器

    C．微处理器   D．液晶显示屏

2．谈谈数码相机的成像原理。

课文二　　为什么眼睛能看见物体？

 **Text**

　　因为有了眼睛，我们才能看见世界的一切。那么，为什么人的眼睛能看见物体呢？这还要从眼睛的构造讲起。

　　眼睛最主要的部分是眼球。眼球壁分三层：外层是白色的巩膜，它有一定的硬度可以保护眼球，就像照相机的外壳；在巩膜的前端，有一部分是透明的，叫角膜；眼球壁的中层为血管膜，由前向后分虹膜、晶状体和脉络膜。透过角膜，我们可以看到虹膜，有

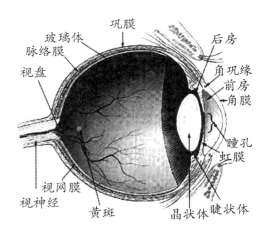

人把它叫做"黑眼珠"。虹膜中央有一圆孔，这就是瞳孔，它可以调节进入眼睛光线的多少。晶状体在虹膜后，就像一个中间厚四周薄的凸透镜，当光线透过角膜进入眼睛后，它把进入的光线会聚在一起，形成图像，然后调节眼球，使图像落在视网膜上。脉络膜像照相机的暗箱一样，防止光线进入。眼球壁的内层是视网膜，它通过神经与我们的大脑相连。视网膜的细胞对光十分敏感，上亿个感光细胞感到了光的强弱和色彩，并立即通过神经传给大脑，于是，我们就"看"到了那个物体。

实际上，眼睛只不过起着"摄像"和"传递"的作用，真正"看清"东西的是我们的大脑。当光通过眼睛的折射和视神经的传递到达大脑的视觉中枢时，我们才能产生视觉，才能看到世界上的一切。

生词 New Words

1.	眼球（名）	yǎnqiú	eyeball
2.	巩膜（名）	gǒngmó	sclera
3.	角膜（名）	jiǎomó	cornea
4.	血管（名）	xuèguǎn	blood vessel
5.	虹膜（名）	hóngmó	iris
6.	晶状体（名）	jīngzhuàngtǐ	crystalline lens
7.	脉络膜（名）	màiluòmó	vein membrane
8.	眼珠（名）	yǎnzhū	eyeball
9.	圆孔（名）	yuánkǒng	round hole
10.	瞳孔（名）	tóngkǒng	pupil
11.	凸透镜（名）	tūtòujìng	convex lens
12.	视网膜（名）	shìwǎngmó	retina
13.	暗箱（名）	ànxiāng	camera bellows
14.	神经（名）	shénjīng	nerve
15.	大脑（名）	dànǎo	cerebrum
16.	相连（动）	xiānglián	to be linked together
17.	细胞（名）	xìbāo	cell
18.	敏感（形）	mǐngǎn	sensitive, susceptible
19.	强弱（形、名）	qiángruò	strong and weak
20.	折射（动、名）	zhéshè	to refract; refraction
21.	视神经（名）	shìshénjīng	optic nerve
22.	视觉（名）	shìjué	visual sense
23.	中枢（名）	zhōngshū	centre

练习 Exercises

一、根据课文判断正误：

1. 眼睛像传统相机。

2. 眼球是眼睛构造的主要部分。

3. 眼球壁的外层是巩膜，保护眼球。

4. 巩膜前端的透明部分是角膜。

5．眼球壁的中层为血管膜。

6．血管膜由虹膜、晶状体和脉络膜三部分组成。

7．瞳孔在虹膜中央，调节进入眼睛的光线。

8．晶状体像凸透镜，使进入的光线成像在视网膜上。

9．眼球壁的内层是视网膜。

10．视网膜把图像通过神经传给大脑的视觉中枢产生视觉。

二、根据课文回答问题：

1．谈谈人眼睛的构造。

2．为什么人的眼睛能看见物体？

 **语法知识** Grammar Points

合成词的构成方式（二十四）
Formation Rules of Compound Words (24)

附加式 Subordinate Compound Words（8）

后加成分"家"表示在某学科的研究中或某种活动中有成就的人。

The suffix 家 is used to form nouns denoting a person who has achieved a certain expertise and standing in some branch of learning or other specialised field. E.g.,

例如：科学家、物理学家、化学家、数学家、天文学家、画家、作家、旅行家

后加成分"员"表示某集体中的成员或从事某种职业、任某种职务的人。

员 is added to a word to form a personal noun which refers to a person who is a member of a certain organization, or who is engaged in special pursuits in a certain field. E.g.,

例如：教员、演员、队员、运动员、售票员、研究员、飞行员、宇航员

课文一　光的反射

　　光在同一种均匀介质中是沿直线传播的，但是当光线射到两种不同的介质的界面时便会出现部分光自界面反射回原介质中的现象，称为光的反射。由于光的反射，我们才能看到周围的世界。

　　具体来说，射到两种介质界面的光线叫做入射光线，返回原来介质的光线叫做反射光线。入射光线与两种介质分界面相交的点叫入射点，通过入射点垂直于两种媒质界面所做的直线叫法线。入射光线与法线的夹角叫入射角，反射光线与法线的夹角叫反射角。

　　光在反射时，入射角等于反射角；入射光线、反射光线和法线在同一平面上，并且入射光线、反射光线在法线的两侧。这就是反射定律。

　　由于表面光滑平整的程度不同，物体反射光束的情况也有所差异。表面平滑的物体易形成光的镜面反射，反射光线都射向同一方向，出现清晰的影像。但是如果形成刺目的强光，反而看不清楚物体，如水面。表面高低不平的物体则会发生光的漫反射，各条光线的反射方向混乱，出现较模糊的影像。

New Words

1. 直线（名）	zhíxiàn	straight line
2. 自（介）	zì	from, since
3. 具体（形）	jùtǐ	concrete
4. 入射（动）	rùshè	incidence
5. 返回（动）	fǎnhuí	to return; to come or go back

6. 分界（动、名）	fēnjiè	to demarcate, to delimit; demarcation
7. 相交（动）	xiāngjiāo	to intersect
8. 法线（名）	fǎxiàn	normal line
9. 夹角（名）	jiājiǎo	included angle
10. 入射角（名）	rùshèjiǎo	angle of incidence
11. 反射角（名）	fǎnshèjiǎo	angle of reflection
12. 平整（形）	píngzhěng	neat, even
13. 有所（动）	yǒusuǒ	somewhat; to a certain extent
14. 差异（名）	chāyì	difference
15. 平滑（形）	pínghuá	level and smooth
16. 镜面（名）	jìngmiàn	mirror face
17. 同一（形）	tóngyī	same, identical
18. 清晰（形）	qīngxī	distinct, clear
19. 刺目（形）	cìmù	dazzling; offensive to the eye
20. 漫反射（名）	mànfǎnshè	diffuse reflection
21. 混乱（形）	hùnluàn	confusion, chaos

练习 Exercises

一、根据课文判断正误：

1. 光在均匀介质中是沿直线传播的。

2. 光线射到两种不同介质的界面上会出现反射现象。

3. 由于光的反射，我们才能看到周围的一切。

4. 光在反射时，入射角等于反射角。

5. 入射光线、反射光线和法线在同一平面上。

6. 入射光线、反射光线在法线的两侧。

7. 镜面反射使出现的影像清晰。

8. 漫反射使出现的影像模糊。

二、根据课文回答问题：

1. 解释下列术语的意义：

    A. 光的反射   B. 入射光线   C. 反射光线

    D. 入射点   E. 法线   F. 入射角

    G. 反射角   H. 镜面反射   I. 漫反射

2. 什么是反射定律？

课文二　光的折射

课　文 Text

　　跟太阳一样，天空中的星星也是发光天体。在夏天的夜晚，我们会看到它们不停地闪烁。这种现象是由光的折射造成的。

　　光在不同介质中传播速率不同。因而，光从一种介质进入另一种介质时，或者在同种不均匀的介质中传播时，传播方向会发生偏折。这种现象叫光的折射。例如，光在空气和水中传播的速率不同，插入水中的吸管似乎被水折断了，其实这是由于光发生了折射。当光发生了偏折的时候，我们视觉上就会以为是吸管发生了弯曲，而实际上它没有发生形变。

　　光的折射还发生在运动的物体中。由于重力的影响，包围地球的大气的密度随高度而变化，但是这种变化并不是均匀的。而且，由于气候的变化，大气层各处的密度也时刻不停地变化着。大气的这种物理变化叫做大气的抖动，它能引起空气折射率的不断变化。星光通过大气层时，随着大气层的抖动，星光传播的路径一次次改变，所以我们看到星星一闪一闪的。一般来说，星星每次闪烁的时间间隔是一秒至四秒。

生　词 New Words

1. 夜晚（名）	yèwǎn	night
2. 闪烁（动）	shǎnshuò	to glimmer, to twinkle
3. 造成（动）	zàochéng	to make, to cause
4. 速率（名）	sùlǜ	speed, rate
5. 吸管（名）	xīguǎn	straw
6. 似乎（副）	sìhū	it seems; as if
7. 折断（动）	zhéduàn	to break off
8. 弯曲（形）	wānqū	winding, crooked
9. 形变（名）	xíngbiàn	deformation
10. 抖动（动）	dǒudòng	to shake, to tremble
11. 星光（名）	xīngguāng	starlight, starshine
12. 路径（名）	lùjìng	route, way
13. 至（动）	zhì	to, until

 **Exercises**

一、根据课文判断正误：

1. 光在不同介质中传播速率不同。
2. 光在均匀的介质中传播时，会发生折射现象。
3. 光从一种介质进入另一种介质时，也会发生折射现象。
4. 插入水中的吸管似乎被水折断了，这是由于光发生了折射。
5. 大气的密度随高度而发生的变化是不均匀的。
6. 气候变化使大气层各处的密度也在不停地变化。
7. 大气抖动引起空气折射率的不断变化。
8. 天空中的星星在不停地闪烁，这是由于大气抖动使光路不断变化引起的。

二、根据课文回答问题：

1. 什么叫做光的折射？
2. 插入水中的吸管似乎被水折断了，这是为什么？
3. 我们看到天空中的星星在不停地闪烁，这是为什么？

语法知识 **Grammar Points**

合成词的构成方式（二十五）
Formation Rules of Compound Words (25)

附加式 Subordinate Compound Words（9）

后加成分"界"表示某个范围或界限。

A word plus the suffix 界 can form a noun referring to a domain or sphere. E.g.,

例如：世界、国界、外界、自然界、科学界、文艺界

后加成分"品"表示按原料、性质、用途、质量分类的物品。

The suffix 品：A word plus 品 can form a noun referring to something classified according to its material, property, usage, quality, or production process. E.g.,

例如：产品、药品、用品、制品、食品、礼品、商品、展览品

课文一　火箭为什么要垂直发射？

　　在火箭发射基地，庞大的火箭垂直矗立在发射架上，随着底部喷出炽烈的火光，箭体飞速冲向天空。那么，为什么火箭不能倾斜发射呢？

　　一般情况下，运载火箭的体形都很庞大，如果倾斜发射就得有一条比火箭更长的滑行轨道。这种滑轨不仅相当笨重，稳定性也差，而且发射时所产生的振动还会影响火箭的发射精度。更何况火箭点火后，尾部还会喷射出高温、高速、高压气流，如果倾斜，就需要一个相当长的安全区。更重要的是，火箭绝大部分飞行时间是在大气层以外的空间，垂直向上飞行可以迅速穿过大气层，减少因空气阻力而造成的速度损失。此外，垂直发射还可以简化发射设备，而且能够使竖立在发射台上的火箭在 360 度范围内移动，从而满足改变射向的需要，并保证火箭系统的稳定性和隐蔽性。因此，垂直发射对于火箭的加速和能量的利用都是十分有利的。

生词 New Words

1. 基地（名）	jīdì	base
2. 矗立（动）	chùlì	to stand tall and upright
3. 架（名）	jià	frame, rack, stand
4. 炽烈（形）	chìliè	flaming, blazing
5. 火光（名）	huǒguāng	blaze, flame
6. 箭体（名）	jiàntǐ	rocket body
7. 冲（动）	chōng	to rush forwards, to dash forwards
8. 倾斜（动）	qīngxié	to tilt, to incline, to slope

9. 体形（名）	tǐxíng	bodily form; build
10. 滑行（动）	huáxíng	to taxi, to slide, to coast
11. 滑轨（名）	huáguǐ	rack
12. 笨重（形）	bènzhòng	heavy, cumbersome
13. 精度（名）	jīngdù	precision
14. 何况（连）	hékuàng	much less; let alone
15. 喷射（动）	pēnshè	to spurt, to jet
16. 简化（动）	jiǎnhuà	to simplify
17. 竖立（动）	shùlì	to stand; to set upright
18. 台（名）	tái	platform
19. 度（名、量）	dù	degree, dimension; *a measure word*
20. 满足（动）	mǎnzú	to satisfy, to content
21. 射向（名）	shèxiàng	launching direction
22. 隐蔽（动、形）	yǐnbì	to take cover; concealed
23. 加速（动）	jiāsù	to quicken; to speed up
24. 有利（形）	yǒulì	advantageous, favourable

练习 **Exercises**

一、根据课文判断正误：

1．火箭不能倾斜发射。

2．运载火箭的体形庞大。

3．火箭点火后，尾部会喷射出高温、高速、高压气流。

4．火箭垂直发射能够使火箭迅速穿过大气层，减少速度损失。

5．垂直发射可以简化发射设备。

6．垂直发射可以满足改变射向的需要。

7．垂直发射可以保证火箭系统的稳定性和隐蔽性。

8．垂直发射有利于火箭的加速和能量的利用。

二、根据课文回答问题：

火箭为什么不能倾斜发射而必须垂直发射？

课文二　火箭的燃料

 **课文 Text**

　　火箭要飞向太空，需要巨大的能量。使火箭飞向太空的巨大能量是从哪里来的呢？

　　也许你觉得回答这个问题并不难，当然是由燃料提供的。如果再问你火箭升空所用的是什么燃料，可能你就答不上来了。

　　燃料的种类很多。火箭飞向太空所需的能量是由哪些燃料提供的呢？

　　火箭升空，要有很快的速度才能克服地球引力飞向预定的轨道。这就要求它所带的燃料体积小、质量轻并且产生的热量足够大，这样才能产生很大的推力。同时要求燃料的燃烧容易控制，燃烧的时间要长。哪种物质能担当这一角色呢？

　　固体燃料是常用的一种燃料。它的燃烧十分剧烈，能够产生巨大的推力，但是它的燃烧时间短，控制起来也不容易。液体燃料则能克服固体燃料的不足。所谓液体燃料，是指像煤油、酒精、液氢一类的燃料，它们在燃烧时释放出的能量大，能产生足够的推力，并且燃烧的时间比固体燃料长，控制起来也容易。目前火箭所用的都是高能液体燃料，如液态氢、液态氧和煤油、四氧化二氮和偏二甲肼。随着科学技术的不断进步，人们不断地研究和制出更好的火箭所需的燃料，在固体燃料的研究方面有了很大进展。人们也在不断地探索以原子能作为能量的火箭——原子火箭。

生词 New Words

1. 也许（副）	yěxǔ	perhaps, probably
2. 升空（动）	shēngkōng	to blast off; to launch
3. 担当（动）	dāndāng	to take on
4. 角色（名）	juésè	role, part
5. 不足（形、名）	bùzú	insufficient; deficiency
6. 煤油（名）	méiyóu	kerosene
7. 氢（名）	qīng	hydrogen (H)
8. 类（名）	lèi	kind, type
9. 释放（动）	shìfàng	to release
10. 高能（形）	gāonéng	high energy
11. 四氧化二氮（名）	sìyǎnghuà'èrdàn	dinitrogen tetroxide (N_2O_4)

| 12. 偏二甲肼（名） | piān'èrjiǎjǐng | UDMH (Unsymmetrical Dimethyl Hydrazine) ($C_2H_8N_2$) |
| 13. 原子能（名） | yuánzǐnéng | atomic energy |

 **Exercises**

一、根据课文判断正误：

1. 火箭飞向太空，需要巨大的推力。
2. 火箭飞向太空的巨大能量是由燃料提供的。
3. 目前固体燃料不能作为火箭的燃料。
4. 固体燃料燃烧时间短，不易控制。
5. 目前用作火箭燃料的是液体燃料。
6. 液体燃料释放出的能量大，产生的推力大。
7. 液体燃料燃烧的时间长，容易控制。
8. 目前火箭所用的都是高能液体燃料。

二、根据课文回答问题：

火箭飞向太空所需的能量是由什么样的燃料提供的？这些燃料具有哪些特点？

语法知识 **Grammar Points**

合成词的构成方式（二十六）
Formation Rules of Compound Words (26)

附加式 Subordinate Compound Words（10）

后加成分"物"加在某些词后面构成一个名词，表示某一类物质。

The suffix 物 is used together with certain words to form nouns indicating a certain class of object.

E.g.,

例如：动物、植物、礼物、生物、食物、药物、纯净物、混合物、化合物、建筑物后加成分"剂"表示有某种化学作用的药品。

The suffix 剂 is a nominal suffix indicating that a thing has a certain chemical property. E.g.,

例如：氧化剂、还原剂、催化剂、腐蚀剂、指示剂

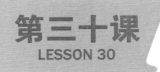

课文一　导体和绝缘体

　　物体允许电流通过的能力叫做物体的导电性能。依据导电性能，物体分为超导体、导体、半导体及绝缘体。其中，导体指易于传导电流或导电性良好的物体，如铜、铝、铁及某些合金等；绝缘体通常指导电性和导热性差的材料，如金刚石、人工晶体、琥珀、陶瓷等。

　　导体中存在大量可以自由移动的带电粒子（电子或离子），这些粒子称为载流子。在外电场作用下，载流子会定向运动，形成明显的电流。金属是最常见的一类导体，其原子最外层的价电子很容易挣脱原子核的束缚，成为自由漂移的电子，从而导电。电解质的水溶液及熔融的电解质和电离的气体也能导电。

　　绝缘体中一般只有微量自由电子，其他大部分都被束缚在原子或分子范围内，不能自由移动，因而导电性能弱。世界上并没有绝对绝缘的绝缘体。在某些外界条件下，如加热、高压电等，绝缘体中的电子也可以脱离原子或分子，使绝缘体变成导体。例如，蒸馏水是绝缘体，但是如果在水中加入杂质，使它成为普通的水后，它就能变成导体；干布不导电，但是湿布却可以导电等。

生词　New Words

1. 允许（动）	yǔnxǔ	to permit, to allow
2. 依据（动、名）	yījù	to be in accordance with; according to; basis, foundation
3. 传导（动、名）	chuándǎo	to conduct; conduction
4. 人工（形、名）	réngōng	man-made, artificial
5. 琥珀（名）	hǔpò	amber
6. 陶瓷（名）	táocí	pottery and porcelain; ceramics
7. 载流子（名）	zàiliúzǐ	current carrier

8. 电场（名）	diànchǎng	electric field
9. 价电子（名）	jiàdiànzǐ	valence electron
10. 挣脱（动）	zhèngtuō	to throw off
11. 束缚（动）	shùfù	to tie, to bind, to fetter
12. 漂移（动）	piāoyí	to drift
13. 电解质（名）	diànjiězhì	electrolyte
14. 熔融（动）	róngróng	to melt
15. 电离（动、名）	diànlí	to ionise; ionisation
16. 微量（名）	wēiliàng	trace, micro-
17. 绝缘（动）	juéyuán	to insulate; insulation
18. 蒸馏水（名）	zhēngliúshuǐ	distilled water
19. 杂质（名）	zázhì	impurity
20. 干（形）	gān	dry
21. 布（名）	bù	cloth
22. 湿（形）	shī	wet

练习 Exercises

一、根据课文判断正误：

1．按照导电性能，物体一般分为超导体、导体、半导体及绝缘体。

2．导体能很好地传导电流。

3．绝缘体的导电性和导热性差。

4．导体中存在大量的自由移动的带电粒子。

5．在外电场作用下，载流子会定向运动形成电流。

6．金属原子最外层的价电子很容易挣脱原子核的束缚，成为自由电子。

7．绝缘体中大部分电子都被束缚在原子或分子范围内，不能自由移动。

8．在一定的条件下，绝缘体可以成为导体。

二、根据课文回答问题：

1．什么是导体？导体为什么易于导电？

2．什么是绝缘体？绝缘体为什么导电性能弱？

3．有没有绝对绝缘的绝缘体？举例说明。

课文二 纳米材料

 Text

我们常常听到纳米材料这个词。那么究竟什么是纳米材料呢？

我们知道，毫米是个很小的长度单位，再小的就是微米了，1 微米是 1 毫米的 1‰，而 1 纳米等于 1‰微米。人肉眼所能看到的固体颗粒直径是 1/5 毫米左右，而纳米级的颗粒需要在高倍显微镜下才能看到。用这种纳米级颗粒做成的材料，就称为纳米材料。

由于纳米材料由极其细小的颗粒构成，其整个表面积要比普通材料大得多，所以纳米材料具有奇特的光、电、磁、热、力和化学等方面的性质。无论是金属还是陶瓷从颜色上看都是黑的，其性能与普通材料相比也发生了很大的变化。如用纳米级的超细粉末制成的金属材料，其硬度比普通金属的硬度要高 4 倍；在低温下，纳米金属竟然由导体变成了绝缘体；一般的陶瓷很脆，但是如果用纳米级的陶瓷粉末烧结成陶瓷制品，却有良好的韧性。更有趣的是：纳米材料的熔点会随超细粉末的直径的减小而大大降低，如金的熔点是 1064℃，但是 2 纳米的金粉末的熔点只有 33℃。

纳米材料的用处很多，如高密度磁性记录带就是用纳米级的粉末制成的。有些新药物制成纳米颗粒，可以注射到血管内顺利地进入微血管。纳米级的催化剂分散在汽油中可提高内燃机的效率；把纳米级的铅粉末加入到固体燃料中，可使火箭的速度增加。这是因为越细的粉末，表面积越大，表面活性越强。总之，纳米材料的用途会越来越广。

生词 New Words

1. 纳米（量）	nàmǐ	nanometre
2. 毫米（量）	háomǐ	millimetre
3. 长度（名）	chángdù	length
4. 肉眼（名）	ròuyǎn	naked eye
5. 颗粒（名）	kēlì	particle
6. 高倍（形）	gāobèi	high-powered
7. 显微镜（名）	xiǎnwēijìng	microscope
8. 细小（形）	xìxiǎo	very small
9. 奇特（形）	qítè	peculiar, queer, singular

10. 竟然（副）	jìngrán	unexpectedly
11. 烧结（动）	shāojié	to sinter
12. 韧性（名）	rènxìng	toughness, tenacity
13. 记录（动、名）	jìlù	to record; record
14. 带（名）	dài	tape, belt, band
15. 药物（名）	yàowù	medicine
16. 注射（动）	zhùshè	to inject
17. 微血管（名）	wēixuèguǎn	(blood) capillary
18. 催化剂（名）	cuīhuàjì	catalyser, catalyst
19. 内燃机（名）	nèiránjī	internal-combustion engine
20. 效率（名）	xiàolǜ	efficiency
21. 活性（名）	huóxìng	activity
22. 总之（连）	zǒngzhī	in a word; in short

练习 Exercises

一、根据课文判断正误：

1. 纳米是一个非常小的长度单位。

2. 纳米级的颗粒需要在高倍显微镜下才能看到。

3. 纳米材料就是用纳米级颗粒做成的材料。

4. 纳米材料是由极其细小的颗粒构成的。

5. 纳米材料的整个表面积要比普通材料大得多。

6. 纳米材料具有奇特的性质。

7. 纳米材料有不同的颜色。

8. 纳米金属材料，硬度是普通金属的 4 倍。

9. 在低温下，纳米金属都是绝缘体。

10. 纳米陶瓷制品有良好的韧性。

11. 纳米材料的熔点会随纳米颗粒直径的减小而降低。

12. 纳米材料是一种新型材料，用途越来越广。

二、根据课文回答问题：

1. 什么是纳米材料？纳米材料有什么奇特的性质？举例说明。

2. 纳米材料有哪些用途？举例说明。

语法知识 Grammar Points

合成词的构成方式（二十七）
Formation Rules of Compound Words (27)

附加式 Subordinate Compound Words（11）

后加成分"点"："点"可作为程度的标志。

点 indicates degree. E.g.,

例如：熔点、沸点、冰点、焦点、燃点、凝固点

后加成分"率"："率"表示两个相关的数在一定条件下的比值。

率 means "rate, proportion" and is often added as suffix to a noun to form a new noun meaning "ratio or rate of something". E.g.,

例如：频率、利率、功率、速率、圆周率、电阻率、放大率、折射率

部分练习参考答案

第一课

课文一

一、根据课文判断正误：

1. √，2. √，3. √，4. ×，5. √，6. √，7. ×，8. √

二、根据课文选择恰当的答案：

1. C，2. B

课文二

一、根据课文判断正误：

1. √，2. √，3. √，4. √，5. √，6. ×，7. √，8. ×，9. ×，10. ×

二、根据课文选择恰当的答案：

1. D，2. C

第二课

课文一

一、根据课文判断正误：

1. √，2. √，3. ×，4. ×，5. ×，6. √，7. √，8. √，9. √，10. √

二、根据课文选择恰当的答案：

1. D，2. B，3. B

课文二

一、根据课文判断正误：

1. ×，2. √，3. √，4. √，5. ×，6. ×，7. √，8. √

二、根据课文选择恰当的答案：

1. D，2. B

第三课

课文一

一、根据课文判断正误：

1. √，2. √，3. ×，4. √，5. √，6. √，7. ×，8. √

二、根据课文选择恰当的答案：

A

课文二

一、根据课文判断正误：

1. √，2. √，3. √，4. √，5. √ 6. √，7. ×，8. √

二、根据课文选择恰当的答案：

D

第四课

课文一

一、根据课文判断正误：

1. √，2. √，3. √，4. ×，5. ×，6. √，7. √，8. √

二、根据课文选择恰当的答案：

1. B，2. A

课文二

一、根据课文判断正误：

1. ×，2. √，3. √，4. √，5. √，6. ×，7. √，

8. ×，9. ×，10. √

二、根据课文选择恰当的答案：

1. D，2. D

第五课

课文一

一、根据课文判断正误：

1. √，2. √，3. √，4. √，5. ×，6. √，7. √，8. ×

二、根据课文选择恰当的答案：

1. C，2. D，3. A，4. B

课文二

一、根据课文判断正误：

1. √，2. √，3. √，4. √，5. √，6. ×，7. √，8. √

第六课

课文一

一、根据课文判断正误：

1. √，2. √，3. √，4. √，5. √，6. √，7. ×，8. √，9. ×，10. √

课文二

一、根据课文判断正误：

1. ×，2. √，3. √，4. √，5. √，6. ×，7. √，8. √，9. √，10. ×

第七课

课文一

一、根据课文判断正误：

1. √，2. √，3. ×，4. √，5. √，6. ×，7. ×，8. ×，9. √，10. ×

二、根据课文选择恰当的答案：

1. C，2. B，3. B，4. D，5. D

课文二

一、根据课文判断正误：

1. √，2. √，3. √，4. ×，5. ×，6. √，7. ×，8. ×，9. √，10. ×

二、根据课文选择恰当的答案：

1. C，2. B，3. B，4. D，5. D，6. C

第八课

课文一

一、根据课文判断正误：

1. D，2. B，C

课文二

一、根据课文判断正误：

1. √，2. ×，3. ×，4. √，5. √，6. √，7. √，8. √

第九课

课文一

一、根据课文判断正误：

1. √，2. ×，3. √，4. √，5. ×，6. √，7. √，8. √，9. √，10. √

课文二

一、根据课文判断正误：

1. √，2. √，3. √，4. √，5. √，6. √，7. ×，8. √

第十课

课文一

一、根据课文判断正误：

1. ×，2. √，3. √，4. ×，5. √，6. ×，7. ×，

8. √，9. √，10. √

课文二

一、根据课文判断正误：

1. ×，2. √，3. √，4. ×，5. √，6. √，7. ×，8. √

第十一课

课文一

一、根据课文判断正误：

1. √，2. √，3. √，4. √，5. ×，6. ×，7. √，8. ×

课文二

一、根据课文判断正误：

1. ×，2. √，3. √，4. √，5. √，6. ×，7. √，8. √，9. √，10. √

二、根据课文选择恰当的答案：

D

第十二课

课文一

一、根据课文判断正误：

1. √，2. √，3. ×，4. ×，5. √，6. √，7. √，8. √，9. √，10. √

课文二

一、根据课文判断正误：

1. √，2. √，3. √，4. √，5. √，6. √，7. ×，8. √，9. √，10. √

二、根据课文选择恰当的答案：

D

第十三课

课文一

一、根据课文判断正误：

1. √，2. √，3. √，4. √，5. √，6. √，7. √，8. ×，9. √，10. ×

课文二

一、根据课文判断正误：

1. √，2. √，3. √，4. √，5. ×，6. √，7. √，8. √，9. √，10. ×

第十四课

课文一

一、根据课文判断正误：

1. √，2. √，3. √，4. √，5. √，6. √，7. √，8. ×，9. √，10. ×

课文二

一、根据课文判断正误：

1. √，2. √，3. √，4. √，5. √，6. ×，7. √，8. ×，9. √，10. ×

第十五课

课文一

一、根据课文判断正误：

1. √，2. √，3. √，4. √，5. √，6. √，7. √，8. √，9. √，10. ×

二、根据课文选择恰当的答案：

1. D，2. B，3. B

课文二

一、根据课文判断正误：

1. √，2. √，3. ×，4. √，5. √

第十六课

课文一

一、根据课文判断正误：

1.√，2.√，3.√，4.√，5.√，6.√，7.√，8.√，9.√，10.×

课文二

一、根据课文判断正误：

1.√，2.√，3.√，4.√，5.√，6.√，7.√，8.√，9.√，10.√

第十七课

课文一

一、根据课文判断正误：

1.√，2.√，3.√，4.√，5.×，6.√，7.×，8.√，9.√，10.√

课文二

一、根据课文判断正误：

1.√，2.√，3.√，4.√，5.√，6.×，7.√，8.√，9.√，10.√

第十八课

课文一

一、根据课文判断正误：

1.√，2.√，3.√，4.√，5.√，6.×，7.√，8.√，9.√，10.√

课文二

一、根据课文判断正误：

1.×，2.√，3.√，4.√，5.√，6.√，7.×，8.×，9.√，10.√

第十九课

课文一

一、根据课文判断正误：

1.√，2.√，3.√，4.√，5.×，6.√，7.√，8.√，9.√，10.√

课文二

一、根据课文判断正误：

1.√，2.√，3.√，4.√，5.√，6.√，7.×，8.√，9.√，10.√

第二十课

课文一

一、根据课文判断正误：

1.√，2.√，3.√，4.√，5.√，6.√，7.√，8.√，9.√，10.×

课文二

一、根据课文判断正误：

1.√，2.√，3.√，4.×，5.√，6.√，7.√，8.×，9.√，10.√

二、根据课文选择恰当的答案：

C

第二十一课

课文一

一、根据课文判断正误：

1.√，2.√，3.√，4.√，5.√，6.√，7.×，8.√，9.√，10.√

课文二

一、根据课文判断正误：

1.√，2.√，3.√，4.√，5.√，6.√，7.√，8.×

二、根据课文选择恰当的答案：

D

第二十二课

课文一

一、根据课文判断正误：

1. √，2. √，3. √，4. √，5. √，6. √，7. √，8. √，9. ×，10. √

二、根据课文选择恰当的答案：

D

课文二

一、根据课文判断正误：

1. √，2. ×，3. √，4 √.，5. √，6. √，7. √，8. √，9. √，10. √

二、根据课文选择恰当的答案：

D

第二十三课

课文一

一、根据课文判断正误：

1. √，2. √，3. √，4. √，5. √，6. √，7. √，8. √，9. √，10. √

课文二

一、根据课文判断正误：

1. √，2. √，3. √，4. √，5. √，6. √，7. √，8. √，9. √，10. √

第二十四课

课文一

一、根据课文判断正误：

1. √，2. √，3. √，4. √，5. √，6. √，7. √，8. √，9. √，10. √

课文二

一、根据课文判断正误：

1. √，2. √，3. √，4. √，5. √，6. √，7. √，8. √，9. √，10. √

第二十五课

课文一

一、根据课文判断正误：

1. √，2. √，3. √，4. √，5. √，6. √，7. √，8. √，9. √，10. √

课文二

一、根据课文判断正误：

1. ×，2. √，3. √，4. √，5. √，6. √，7. √，8. √

第二十六课

课文一

一、根据课文判断正误：

1. √，2. √，3. √，4. √，5. √，6. √

课文二

一、根据课文判断正误：

1. √，2. ×，3. √，4. √，5. √，6. √，7. √，8. √，9. √，10. √

第二十七课

课文一

一、根据课文判断正误：

1. √，2. √，3. √，4. √，5. √，6. √，7. √，8. √，9. √，10. √，11. √，12. √

课文二

一、根据课文判断正误：

1. √，2. √，3. √，4. √，5. √，6. √，

7. √，8. √，9. √，10. √

第二十八课

课文一

一、根据课文判断正误：

1. √，2. √，3. √，4. √，5. √，6. √，

7. √，8. √

课文二

一、根据课文判断正误：

1. √，2. ×，3. √，4. √，5. √，6. √，

7. √，8. √

第二十九课

课文一

一、根据课文判断正误：

1. √，2. √，3. √，4. √，5. √，6. √，

7. √，8. √

课文二

一、根据课文判断正误：

1. √，2. ×，3. √，4. √，5. √，6. √，

7. √，8. √

第三十课

课文一

一、根据课文判断正误：

1. √，2. √，3. √，4. √，5. √，6. √，

7. √，8. √

课文二

一、根据课文判断正误：

1. √，2. √，3. √，4. √，5. √，6. √，

7. ×，8. √，9. √，10. √，11. √，12. √

词汇表 Vocabulary

A

矮（形）ǎi	short, low	1
安静（形）ānjìng	quiet	22
氨水（名）ānshuǐ	ammonia water	22
安装（动）ānzhuāng	to install	16
暗（形）àn	dark, dim	25
暗箱（名）ànxiāng	camera bellows	27

B

斑（名）bān	spot	25
办法（名）bànfǎ	way, means	4
瓣膜（名）bànmó	valve	25
半球形（名）bànqiúxíng	hemisphere	26
棒（名）bàng	stick	22
包层（名）bāocéng	covering (on a fibre)	24
包围（动）bāowéi	to surround	6
薄（形）báo	thin	20
保持（动）bǎochí	to maintain	3
保存（动）bǎocún	to preserve, to keep	23
保护（动）bǎohù	to protect	22
保证（动）bǎozhèng	to guarantee, to pledge	9
杯（名）bēi	cup	10
背（动）bèi	with the back towards	7
倍（量）bèi	times	6
倍数（名）bèishù	multiple	8
笨重（形）bènzhòng	heavy, cumbersome	29
比（介、动）bǐ	than; as compared with (to)	1

比值（名）bǐzhí	specific value; ratio	9
比重（名）bǐzhòng	specific gravity	5
壁（名）bì	wall	10
避免（动）bìmiǎn	to avoid, to avert	16
边（名）biān	side	9
边缘（名）biānyuán	edge	25
变化（动、名）biànhuà	to change	5
表（名）biǎo	table	15
表面（名）biǎomiàn	surface	4
表现（动、名）biǎoxiàn	to show, to express, to display; demonstration, display	18
别人（代）biérén	other people	17
冰天雪地 bīngtiān-xuědì	vast expanse of ice and snow	2
波束（名）bōshù	beam	25
铂（名）bó	platinum (Pt)	20
不必（副）búbì	no need	8
不锈钢（名）búxiùgāng	stainless steel	19
不再（动）búzài	no longer, no more	9
捕捉（动）bǔzhuō	to catch, to seize	25
布（名）bù	cloth	30
部件（名）bùjiàn	part(s), component(s)	19
不足（形、名）bùzú	insufficient; deficiency	29

C

猜测（动）cāicè	to guess, to surmise	9
测定（动）cèdìng	to determine	13
侧面（名）cèmiàn	side plane, lateral face	6
差别（名）chābié	disparity, difference	7
差异（名）chāyì	difference	28
察觉（动）chájué	to sense, to scent	4
查看（动）chákàn	to look over, to examine	23
查收（动）cháshōu	to check and accept	23
查询（动）cháxún	to inquire about	23

查找（动）cházhǎo	to look up	23
差（形）chà	poor, inferior; differ	3
产量（名）chǎnliàng	output	19
产业（名）chǎnyè	industrial	24
长度（名）chángdù	length	30
长期（名）chángqī	long-term	12
常温（名）chángwēn	normal atmospheric temperature	3
唱机（名）chàngjī	gramophone	10
唱片（名）chàngpiàn	gramophone record	10
畅通（形）chàngtōng	unimpeded, unblocked	23
唱针（名）chàngzhēn	gramophone needle	10
超过（动）chāoguò	to surpass	4
朝（天）（介）cháo	towards, facing (the sky)	18
潮湿（形）cháoshī	moist	22
车次（名）chēcì	train number	11
车轮（名）chēlún	wheel	10
成分（名）chéngfèn	composition	1
成千上万 chéngqiān-shàngwàn	thousands upon thousands; tens of thousands of	13
承受（动）chéngshòu	to bear	10
成为（动）chéngwéi	to become	19
程序（名）chéngxù	program	23
秤（名）chèng	balance, scale	6
尺（名）chǐ	ruler	16
炽烈（形）chìliè	flaming, blazing	29
冲（动）chōng	to rush; to dash up	29
冲击（动）chōngjī	to clash	10
重合（动）chónghé	to coincide	4
稠密（形）chóumì	dense	18
臭味（名）chòuwèi	stink; foul smell	22
出汗（动）chūhàn	to perspire, to sweat	3
除（动）chú	to divide	8
除了……以外 chúle…yǐwài	except, besides	7
除以（动）chúyǐ	to be divided by	8

储存（动）chǔcún	to memorize, to store	27
处理（动）chǔlǐ	to deal with	14
储油罐（名）chǔyóuguàn	oil storage tank	15
处于（动）chǔyú	to be in	6
矗立（动）chùlì	to stand tall and upright	29
船（名）chuán	boat, ship	5
传遍（动）chuánbiàn	to spread over	16
船舶（名）chuánbó	shipping, boats and ships	25
传导（动、名）chuándǎo	to conduct; conduction	30
创造（动）chuàngzào	to create	7
吹（动）chuī	to blow	3
垂直（形）chuízhí	vertical	10
纯净物（名）chúnjìngwù	pure substance	14
慈爱（形）cí'ài	affectionate, kind	16
磁铁（名）cítiě	magnet	16
此外（连）cǐwài	in addition	2
次（形）cì	less than	19
刺激（动）cìjī	to stimulate	22
刺目（形）cìmù	dazzling; offending to the eye	28
粗糙（形）cūcāo	coarse, rough, crude	4
催化（动）cuīhuà	to catalyze	20
催化剂（名）cuīhuàjì	catalyzer, catalyst	30
搓（动）cuō	to rub with the hands	16

D

达到（动）dádào	to reach, to attain	2
打印（动）dǎyìn	to print	27
大多（副）dàduō	for the most part, mostly	20
大量（形）dàliàng	a large quantity	1
大脑（名）dànǎo	cerebrum	27
大炮（名）dàpào	artillery	18
大气层（名）dàqìcéng	atmospheric layer	6
大厅（名）dàtīng	hall	4

大小（名）dàxiǎo	big or small; size	5
大衣（名）dàyī	overcoat	7
大约（副）dàyuē	about, approximately	3
带（名）dài	belt, tape, band	30
担当（动）dāndāng	to take on	29
单模（名）dānmó	single mode	24
单位（名）dānwèi	unit	10
单元（名）dānyuán	unit	27
单质（名）dānzhì	single substance	13
氮（名）dàn	nitrogen (N)	7
蛋白质（名）dànbáizhì	protein	13
当（介、动）dāng	when, while, as; to be, to serve as	1
挡（动）dǎng	to keep off	10
档次（名）dàngcì	grade	27
刀子（名）dāozi	knife	17
倒（动）dǎo	to fall down	1
导航（动）dǎoháng	to navigate	25
倒（动）dào	to invert	18
道（名）dào	line	20
道理（名）dàolǐ	reason	3
道路（名）dàolù	road	25
灯（名）dēng	lamp, light	24
登月舱（名）dēngyuècāng	a luner module	26
等（形）děng	equal	20
等分（名）děngfēn	equal length	21
等于（动）děngyú	to be equal to	2
滴（名）dī	drop	22
低廉（形）dīlián	cheap, low	23
底部（名）dǐbù	base	1
底面（名）dǐmiàn	bottom, base	9
底下（名）dǐxià	bottom	6
地面（名）dìmiàn	ground, land surface	2
地心（名）dìxīn	the earth's core	17

点（名）diǎn	point	9
碘（名）diǎn	iodine (I)	14
电场（名）diànchǎng	electric field	30
奠定（动）diàndìng	to establish, to settle	24
电荷（名）diànhè	charge	27
电荷耦合器件 diànhè ǒuhé qìjiàn	charge coupled device (CCD)	27
电极（名）diànjí	electrode	20
电解质（名）diànjiězhì	electrolyte	30
电离（动、名）diànlí	to ionize; ionization	30
电能（名）diànnéng	electric energy	16
电偶（名）diàn'ǒu	electric doublet	21
电线杆（名）diànxiàngān	wire pole	11
顶（名）dǐng	top	7
定（动）dìng	to fix, to set	21
定位（动、名）dìngwèi	to orient, to orientate; fixed position	25
定向（动、形）dìngxiàng	to direct; directional	25
洞（名）dòng	hole, cave	1
动画（名）dònghuà	animated cartoon	23
动物（名）dòngwù	animal	17
动压力（名）dòngyālì	kinetic pressure	10
抖动（动）dǒudòng	to shake, to tremble	28
度（名、量）dù	degree, dimension，*a measure word*	29
渡（河）（动）dù(hé)	to cross (a river)	8
端（名）duān	end	10
段（量）duàn	section, *a measure word*	10
对（量）duì	pair of	6
吨（量）dūn	ton, *a measure word*	6
多孔（形）duōkǒng	porous	4
多位数（名）duōwèishù	multi-digit	8

E

| 耳朵（名）ěrduo | ear | 4 |

F

发生（动）fāshēng	to take place, to happen	5
法线（名）fǎxiàn	normal line	28
反过来 fǎnguòlái	conversely, in turn	15
返回（动）fǎnhuí	to return, to come or go back	28
反射角（名）fǎnshèjiǎo	angle of reflection	8
反之（连）fǎnzhī	otherwise	8
方（名）fāng	side, party	23
方程式（名）fāngchéngshì	equation	22
方法（名）fāngfǎ	method, way	3
方向（名）fāngxiàng	direction	5
防暑（动）fángshǔ	to prevent heatstroke	3
防止（动）fángzhǐ	to prevent	16
房子（名）fángzi	house	16
放（动）fàng	to generate	2
飞船（名）fēichuán	spaceship	7
飞速（形）fēisù	at full speed	24
飞行（动）fēixíng	to fly	18
费（动）fèi	to waste	15
沸点（名）fèidiǎn	boiling point	14
沸腾（动）fèiténg	to boil up	21
分贝（量）fēnbèi	decibel (db)	24
分别（副、动）fēnbié	respectively; to be apart	6
分布（动）fēnbù	to be distributed, to be dispersed	24
分界（动、名）fēnjiè	demarcate, delimit	28
分类（动）fēnlèi	to classify	25
分力（名）fēnlì	component (of force)	18
分母（名）fēnmǔ	denominator	11
分数（名）fēnshù	fraction	11
分析（动）fēnxī	to analyse	8
……分之…… …fēnzhī…	formula for fraction	2
分子（名）fēnzǐ	molecule	3

分子（名）fēnzǐ	numerator	11
粉笔（名）fěnbǐ	chalk	14
粉末（名）fěnmò	powder	12
服务器（名）fúwùqì	server	23
复合（动）fùhé	to compose	15

G

该（代）gāi	(the) said, that, this	26
干（形）gān	dry	30
干电池（名）gāndiànchí	battery, dry cell	20
感到（动）gǎndào	to feel, to sense	3
高（名）gāo	height	10
高倍（形）gāobèi	high times	30
高度（名、形）gāodù	altitude, height; highly, a high degree of	5
高空（名）gāokōng	high altitude, high up in the air	6
高能（形）gāonéng	high energy	29
高热（名）gāorè	high heat	18
高声（形）gāoshēng	loudly, aloud, in a high voice	4
告知（动）gàozhī	to inform, to notify	23
割圆术（名）gēyuánshù	a method to find the value of pi (π)	9
隔（动）gé	to separate, at a distance from, after or at an interval	11
格式（名）géshì	pattern, form, model	24
各种各样 gèzhǒng-gèyàng	of all kinds	17
（硫酸）根（名）(liúsuān)gēn	(sulphuric acid) radical	22
根据（介）gēnjù	on the basis of, according to	3
跟踪（动）gēnzōng	to track, to tail after, to follow the tracks of	25
公倍数（名）gōngbèishù	common multiple	11
公里（量）gōnglǐ	kilometre (km)	6
公路（名）gōnglù	highway	11
功能（名）gōngnéng	function	23
公元（名）gōngyuán	the Christian era, AD	9
公元前（名）gōngyuánqián	BC	16
公约数（名）gōngyuēshù	common divisor	11

巩膜（名）gǒngmó	sclera	27
共享（动）gòngxiǎng	to share	23
狗（名）gǒu	dog	1
估计（动）gūjì	to estimate	13
古书（名）gǔshū	ancient books	16
固体（名）gùtǐ	solid	7
关（动）guān	to shut, to close	16
管道（名）guǎndào	pipeline	26
惯性（名）guànxìng	inertia	18
光线（名）guāngxiàn	light, ray	25
光学（名）guāngxué	optics	24
广（形）guǎng	wide, extensive	12
广大（形）guǎngdà	extensive, vast, large	2
国防（名）guófáng	national defence	25
过程（名）guòchéng	process, course	4

H

海（名）hǎi	sea	14
海底（名）hǎidǐ	the bottom of the sea	26
海豚（名）hǎitún	dolphin	25
害怕（动）hàipà	to be afraid	16
氦气（名）hàiqì	helium (He)	12
含（动）hán	to contain	1
含量（名）hánliàng	content	22
焊接（动）hànjiē	to weld	12
汗水（名）hànshuǐ	sweat	3
航天（动、名）hángtiān	to fly in the outer space; spaceflight	25
航行（动）hángxíng	to sail	25
毫克（量）háokè	milligram (mg)	17
毫米（量）háomǐ	millimetre	30
好坏（形）hǎohuài	good and bad, advantageous and sis advantageous	27
核（名）hé	nucleus	26
合并（动）hébìng	to merge	15

何况（连）hékuàng	much less, let alone	29
合理（形）hélǐ	rational, reasonable	24
核心（名）héxīn	nucleus, core	27
黑板（名）hēibǎn	blackboard	14
黑夜（名）hēiyè	night, a dark night	25
烘（动）hōng	to bake, to toast	2
虹膜（名）hóngmó	iris	27
后来（名）hòulái	afterwards	8
忽略不计 hūlüè bújì	negligible	18
呼吸（动）hūxī	to breathe	1
壶（名）hú	kettle	12
琥珀（名）hǔpò	amber	30
滑动（动）huádòng	to slide	20
滑轨（名）huáguǐ	rack	29
滑行（动）huáxíng	to taxi, to slide, to coast	29
化（动）huà	to simplify, to melt	11
化合（动）huàhé	to combine	13
化合物（名）huàhéwù	compound	13
华氏（名）Huàshì	Fahrenheit	21
环绕（动）huánrào	to revolve round	4
换算（动）huànsuàn	to convert	21
黄金（名）huángjīn	gold	19
灰尘（名）huīchén	dust	7
挥发（动）huīfā	to volatilize	13
灰色（名）huīsè	grey	12
回忆（动）huíyì	to recall, to call to mind	26
会聚（动）huìjù	to converge , to assemble, to flok together	25
浑水 húnshuǐ	muddy waters	5
浑浊（形）húnzhuó	muddy, turbid	25
混（动）hùn	to mix	4
混合物（名）hùnhéwù	mixture	14
混乱（形）hùnluàn	confusion, chaos	28
活泼（形）huópō	lively	19

活性（名）huóxìng	active, activated	30
火（名）huǒ	fire	20
火光（名）huǒguāng	blaze, flame	29

J

机舱（名）jīcāng	cabin	26
基础（名）jīchǔ	basis	9
鸡蛋（名）jīdàn	(hen's) egg	5
基地（名）jīdì	base	29
激光器（名）jīguāngqì	laser	24
几乎（副）jīhū	nearly, almost	2
积聚（动）jījù	to gather	3
奇数（名）jīshù	odd number	8
机头（名）jītóu	head	10
机械能（名）jīxiènéng	mechanical energy	16
基站（名）jīzhàn	base station	24
级（量）jí	step, stage, a measure word	18
集成（动）jíchéng	to integrate	23
极其（副）jíqí	extremely	17
及时（副、形）jíshí	timely, promptly	25
挤（动）jǐ	to jostle, to push against	22
几何（名）jǐhé	geometry	26
剂（名）jì	agent	1
记号（名）jìhào	mark	21
计划（动、名）jìhuà	plan, project	26
记录（动、名）jìlù	to take notes; notetaker, record	30
继续（动）jìxù	to continue	2
夹角（名）jiājiǎo	included angle	28
加快（动）jiākuài	to speed up	3
加上（动）jiāshàng	to add, to plus, to increase	4
加速（动）jiāsù	to quicken, to speed up	29
假如（连）jiǎrú	if	4
假设（动、名）jiǎshè	to suppose; hypothesis	11

假想（动、名）jiǎxiǎng	to imagine; supposition	15
架（名）jià	frame, rack, stand	29
价电子（名）jiàdiànzǐ	valence electron	30
价格（名）jiàgé	price	23
尖（形、名）jiān	pointed; point	9
肩（名）jiān	shoulder	10
碱（名）jiǎn	alkali	19
简化（动）jiǎnhuà	to simplify	29
减弱（动）jiǎnruò	to weaken	2
简易（形）jiǎnyì	simple and easy	23
鉴别（动）jiànbié	to distinguish	22
箭体（名）jiàntǐ	rocket body	29
建造（动）jiànzào	to make	16
将（介）jiāng	*a proposition, functioning as* 把	14
讲话（动、名）jiǎnghuà	to speak, to talk	4
降低（动）jiàngdī	to reduce, to lower	1
降落（动）jiàngluò	to land, to touch down	7
降温（动）jiàngwēn	to drop in temperature	3
交换（动）jiāohuàn	to exchange	23
交界（动）jiāojiè	to have a common border with	24
交流（动）jiāoliú	to exchange	23
礁石（名）jiāoshí	reef, rock	25
角落（名）jiǎoluò	corner, nook	23
角膜（名）jiǎomó	cornea	27
叫喊（动）jiàohǎn	to shout, to cry	4
接触（动）jiēchù	to contact	22
阶段（名）jiēduàn	stage, phase	24
接近（动）jiējìn	to be close to, to approach	9
接收（动）jiēshōu	to receive	23
接受（动）jiēshòu	to accept	11
结果（名）jiéguǒ	result, answer	6
结合（动）jiéhé	to combine	13
解释（动）jiěshì	to explain	5

界面（名）jièmiàn	section	4
借住（动）jièzhù	to stay overnight at sb's house	26
借助（动）jièzhù	to have the aid of	23
金刚石（名）jīngāngshí	diamond	20
金属（名）jīnshǔ	metal	7
金星（名）jīnxīng	Venus	7
仅（副）jǐn	only, merely	24
紧密（形）jǐnmì	close together	9
进展（动）jìnzhǎn	to make progress	9
精度（名）jīngdù	precision	29
经过（动、名）jīngguò	to pass, to go through, after; process	2
精确（形）jīngquè	accurate	9
惊讶（形）jīngyà	surprised, astonished	9
精致（形）jīngzhì	fine, delicate	24
晶状体（名）jīngzhuàngtǐ	crystalline lens	27
警报（名）jǐngbào	alarm	16
镜面（名）jìngmiàn	mirror face	28
竟然（副）jìngrán	unexpectedly	30
静压力（名）jìngyālì	quiet pressure	10
静止（动）jìngzhǐ	to be static, to stop	18
就是（连）jiùshì	even if	17
聚焦（动、名）jùjiāo	to focus; focusing	25
具体（形）jùtǐ	concrete	28
具有（动）jùyǒu	to have	8
绝（副、动）jué	most; to be off	14
决定（动、名）juédìng	to decide; decision	17
绝对零度（名）juéduì língdù	absolute zero	12
角色（名）juésè	role, part	29
绝缘（动）juéyuán	to insulate; insulation	30
军舰（名）jūnjiàn	warship	19

卡（量）kǎ	calorie	3

开（动）kāi	to open	3
开采（动）kāicǎi	to exploit	20
开发（动）kāifā	to develop, to open up, to exploit	23
开头（名）kāitóu	begin, start	23
考虑（动）kǎolù	to consider	5
颗粒（名）kēlì	anything small and youndish	30
可（能愿）kě	can, may	12
克（量）kè	gram (g.)	3
客户（名）kèhù	customer, client	23
空间（名）kōngjiān	space	5
空气（名）kōngqì	air	1
控制（动）kòngzhì	to control	18
快捷（形）kuàijié	shortcut	23
快速（形）kuàisù	fast, quick, high-speed	23
矿井（名）kuàngjǐng	mine	6
矿石（名）kuàngshí	ore	16
扩散（动）kuòsàn	to diffuse, to proliferate	13

L

栏（名）lán	column	23
类（名）lèi	kind, type	29
离解（动）líjiě	to dissociate	22
离子（名）lízǐ	ion	22
理论（名）lǐlùn	theory	24
立即（副）lìjí	immediately, at once	26
立刻（副）lìkè	immediately, at once	6
例子（名）lìzi	example	11
连（动）lián	to link	21
连接（动）liánjiē	to join, to link	23
联系（动、名）liánxì	to contact, to relate, to link; connection, relation	18
凉水瓶（名）liángshuǐpíng	cold water bottle	10
亮（形）liàng	bright, light, shining	7
邻近（动）línjìn	to close to, near	26

临界（动）línjiè	critical	26
菱形（名）língxíng	rhomb	9
另（代、副）lìng	besides, other	3
流（动）liú	to flow	18
瘤（名）liú	tumour	25
浏览器（名）liúlǎnqì	browser (software)	23
硫酸亚铁（名）liúsuānyàtiě	ferrous sulphate (FeSO₄)	22
六角形（名）liùjiǎoxíng	hexagon	9
六棱柱（名）liùléngzhù	hexagonal prism	9
路径（名）lùjìng	route, way	28
氯化氢（名）lǜhuàqīng	hydrogen chloride (HCI)	22
孪生（形）luánshēng	twin	7
抡（动）lún	to swing, to brandsish	18

M

码头（名）mǎtóu	dock	8
脉冲（名）màichōng	pulse	25
脉络膜（名）màiluòmó	vein membrane	27
满（形）mǎn	full	4
满足（动）mǎnzú	to satisfy, to content	29
漫反射（名）mànfǎnshè	diffuse reflection	28
盲区（名）mángqū	blind area	24
毛皮（名 máopí	fur	16
媒介（名）méijiè	medium, intermediary	23
煤油（名）méiyóu	kerosene	29
镁（名）měi	magnesium (Mg)	13
闷（动）mēn	to stuffy	1
密封（动）mìfēng	to seal up	21
密码（名）mìmǎ	cipher code, secret code	23
敏感（形）mǐngǎn	sensitive, susceptible	27
明（形）míng	bright	25
明显（形）míngxiǎn	obvious	21
膜（名）mó	thin coating	22

模式（名）móshì　　　　　　mode method　　　　　　　　　　　23

模／数转换器（名）mó/shù zhuǎnhuànqì　　analogue-to-digital converter　　27

目标（名）mùbiāo　　　　　　objective, target　　　　　　　　25

N

钠（名）nà　　　　　　　　sodium (Na)　　　　　　　　　　20

纳米（量）nàmǐ　　　　　　nanometer　　　　　　　　　　　30

难道（副）nándào　　　　　Surely it doesn't mean that…; Could it be said that…　4

内（名）nèi　　　　　　　inner　　　　　　　　　　　　　3

内部（名）nèibù　　　　　inside　　　　　　　　　　　　22

内接（动）nèijiē　　　　　to inscribe　　　　　　　　　　9

内燃机（名）nèiránjǐ　　　internal-combustion engine　　　30

能力（名）nénglì　　　　　ability, capacity　　　　　　　26

年代（名）niándài　　　　　age, years　　　　　　　　　　24

凝固点（名）nínggùdiǎn　　solidifying point　　　　　　　14

浓（形）nóng　　　　　　concentrated, thick　　　　　　5

浓度（名）nóngdù　　　　　concentration, consistency　　5

弄（动）nòng　　　　　　to do, to get, to manage, to handle　8

O

耦合（动）ǒuhé　　　　　to couple　　　　　　　　　　27

偶数（名）ǒushù　　　　　even number　　　　　　　　　8

P

怕（动）pà　　　　　　　to fear　　　　　　　　　　　20

排列（动）páiliè　　　　　to arrange　　　　　　　　　　9

判断（动）pànduàn　　　　to judge, to decide　　　　　　8

庞大（形）pángdà　　　　huge　　　　　　　　　　　　24

胖（形）pàng　　　　　　fat　　　　　　　　　　　　　15

抛物面（名）pāowùmiàn　　paraboloid　　　　　　　　　　26

炮弹（名）pàodàn　　　　（artillery) shell　　　　　　　18

泡沫（名）pàomò　　　　　foam, froth　　　　　　　　　1

配置（动）pèizhì　　　　　to compound　　　　　　　　22

喷（动）pēn	to spurt	10
喷射（动）pēnshè	to spurt, to jet	29
皮肤（名）pífū	skin	3
偏二甲肼（名）piān'èrjiǎjǐng	UDMH (Unsymmetrical Dimethyl Hydrazine) ($C_2H_8N_2$)	29
漂移（动）piāoyí	to drift	30
平（形）píng	level, flat	9
凭（动）píng	to lean on, tobase on	21
平衡（动、形、名）pínghéng	to balance; equilibrium	6
平滑（形）pínghuá	level and smooth	28
平整（形）píngzhěng	neat, leve	28
破坏（动）pòhuài	to destroy	13
铺（动）pū	to pave, to lay, to surface	4
普通（形）pǔtōng	ordinary, general	24

Q

奇特（形）qítè	peculiar, queer, singular	30
启发（动、名）qǐfā	to arouse, to inspire; inspiration	25
气囊（名）qìnáng	gasbag	25
气球（名）qìqiú	balloon	6
气体（名）qìtǐ	gas	1
气味（名）qìwèi	smell	1
汽油（名）qìyóu	betrol	12
恰好（副）qiàhǎo	just right	15
迁居（动）qiānjū	to move (house), to change one's residence	26
千里眼（名）qiānlǐyǎn	farsighted (person)	25
前进（动）qiánjìn	to go forward	25
潜艇（名）qiántǐng	submarine	25
强（形）qiáng	strong, powerful	2
墙壁（名）qiángbì	wall	4
强度（名）qiángdù	intensity, strength	4
强弱（形、名）qiángruò	strong and weak	27
切割（动）qiēgē	to cut	20

切线（名）qiēxiàn	tangent	18
侵袭（动）qīnxí	to hit, to make inroads on	2
侵占（动）qīnzhàn	to invade and occupy	5
氢（名）qīng	hydrogen（H）	29
清澈（形）qīngchè	limpid, clear	25
氢气（名）qīngqì	hydrogen (H)	12
清水（名）qīngshuǐ	fresh water	5
清晰（形）qīngxī	distinct, clear	28
倾斜（形）qīngxié	tilt, incline, slope	29
求（动）qiú	to evaluate, to find	6
全反射（名）quánfǎnshè	total reflection	24
全方位（名）quánfāngwèi	all-round	24
全球（名）quánqiú	the whole world	23
缺点（名）quēdiǎn	defect	21
却（副）què	but, yet	5

Ⓡ

燃烧（动）ránshāo	to burn	1
绕（动）rào	to circle, to revolve	17
热能（名）rènéng	heatr energy	16
人工（形、名）réngōng	man-made, artificial	30
人数（名）rénshù	number of people	8
人体（名）réntǐ	human body	3
人造（形）rénzào	man-made	16
任务（名）rènwu	task, assignment	11
韧性（名）rènxìng	toughness, tenacity	30
任意（形、副）rènyì	any, arbitrarily	5
扔（动）rēng	to throw away	17
日常（形）rìcháng	day-to-day	6
熔化（动）rónghuà	to melt	7
溶解度（名）róngjiědù	solubility	1
熔融（动）róngróng	to melt	30
溶液（名）róngyè	solution	1

柔软（形）róuruǎn	soft	4
肉眼（名）ròuyǎn	naked eye	30
如（动）rú	to like; such as, as	2
入射（动）rùshè	incidence	28
入射角（名）rùshèjiǎo	angle of incidence	28
软（形）ruǎn	soft	12
软件（名）ruǎnjiàn	software	23
软盘（名）ruǎnpán	floppy drive	27
弱（形）ruò	weak	22

S

散（动）sàn	to send out	3
散失（动）sànshī	to be lost	7
扫（动）sǎo	to sweep	25
色素（名）sèsù	pigment	1
山谷（名）shāngǔ	mountain valley	4
闪（动）shǎn	to flash	19
闪烁（动）shǎnshuò	glimmer, twinkle	28
上升（动）shàngshēng	to go up	5
上油（动）shàngyóu	to oil, to grease	16
稍（副）shāo	a little, a bit, slightly	6
烧（动）shāo	to burn	18
烧结（动）shāojié	to sinter	30
少量（形）shǎoliàng	a small amount	20
摄（动）shè	to take a photograph of	27
射（动）shè	to send out	7
射入（动）shèrù	send into	24
射线（名）shèxiàn	ray	7
设想（动）shèxiǎng	to imagine, to suppose	15
射向（名）shèxiàng	launching direction	29
摄像（动）shèxiàng	to take a photograph of	27
深（形）shēn	deep	6
神经（名）shénjīng	nerve	27

升（动）shēng	to go up, to rise	6
生成（动）shēngchéng	to produce	13
声带（名）shēngdài	vocal cords	25
升华（动、名）shēnghuá	to sublimate	14
升空（动）shēngkōng	to blast off, to launch	29
声纳（名）shēngnà	sonar	25
声源（名）shēngyuán	sound source	4
盛开（动）shèngkāi	to be in full bloom	2
湿（形）shī	wet	30
失去（动）shīqù	to lose	6
失重（动）shīzhòng	weightlessness, weight loss, zero gravity	18
时（名）shí	time, times, days	2
实际（名、形）shíjì	reality, practice	6
实践（名）shíjiàn	practice	12
时刻（名）shíkè	time, moment	2
实施（动）shíshī	to carry out, to put into effect	26
石头（名）shítou	stone	5
十万（数）shíwàn	one hundred thousand	8
食盐（名）shíyán	table salt (NaCl)	14
石油（名）shíyóu	petroleum, oil	15
石子（名）shízǐ	stone	17
使得（动）shǐdé	to make	17
式（名）shì	model, type	24
释放（动）shìfàng	to release	29
是否（副）shìfǒu	whether (or not)	17
试管（名）shìguǎn	test tube	14
世纪（名）shìjì	century	16
事件（名）shìjiàn	incident, event	16
视觉（名）shìjué	visual sense	27
势力（名）shìlì	force, power, influence	2
视神经（名）shìshénjīng	optic nerve	27
视网膜（名）shìwǎngmó	retina	27
收费（动）shōufèi	to charge	23

手段（名）shǒuduàn	means, medium, method	23
首先（副、代）shǒuxiān	first; in the first place	2
手掌（名）shǒuzhǎng	palm	24
输出（动）shūchū	to export; output	27
输油 shūyóu	to transport petroleum	26
束缚（动）shùfù	to tie, to bind up, to fetter	30
竖立（动）shùlì	to stand, to set upright	29
数目（名）shùmù	number	13
数值（名）shùzhí	numerical value	9
竖直（形）shùzhí	vertical	5
水分（名）shuǐfèn	moisture	22
水雷（名）shuǐléi	mine (in water)	19
水面（名）shuǐmiàn	water surface	3
水泥（名）shuǐní	cement	11
水平（名）shuǐpíng	level	12
水质（名）shuǐzhì	water quality	25
说法（名）shuōfǎ	version, statement	6
司机（名）sījī	driver	11
似乎（副）sìhū	it seems, as if	28
四面八方 sìmiàn-bāfāng	far and near, all directions	4
四氧化二氮（名）sìyǎnghuà'èrdàn	dinitrogen tetroxide (N_2O_4)	29
速度（名）sùdù	velocity, speed	3
速率（名）sùlǜ	speed, rate	28
酸（名）suān	acid	19
算（动）suàn	to calculate, to solve	6
算法（名）suànfǎ	algorithm	10
随（动）suí	to follow	10
随身（动）suíshēn	(to carry) on one's person	24
损坏（动）sǔnhuài	to damage	16
缩写（动）suōxiě	to abbreviate	25
所（量）suǒ	a measure word	16

T

台（名）tái	pad	29
态（名）tài	state	12
弹（动）tán	to bounce, to spring, to leap	3
碳（名）tàn	carbon (C)	13
碳酸（名）tànsuān	carbonic acid (H_2CO_3)	1
探险（动）tànxiǎn	to explore	12
陶瓷（名）táocí	pottery and porcelain, ceramics	30
讨论（动）tǎolùn	to discuss	10
特定（形）tèdìng	specified, given	26
特性（名）tèxìng	property	12
特征（名）tèzhēng	characteristic, feature	8
提出（动）tíchū	to advance	24
提供（动）tígōng	to provide, to supply	18
提炼（炼）tíliàn	to extract	19
题意（名）tíyì	meaning of problems	8
体形（名）tǐxíng	bodily form, build	29
体重（名）tǐzhòng	(body) weight	17
天花板（名）tiānhuābǎn	ceiling	4
天空（名）tiānkōng	the sky	7
天然（形）tiānrán	natural	16
天线（名）tiānxiàn	aerial, antenna	24
甜味（名）tiánwèi	sweet taste	1
条（量）tiáo	line, strip	13
条件（名）tiáojiàn	condition	4
调节（动）tiáojié	to regulate	7
铁轨（名）tiěguǐ	rail	10
停（动）tíng	to stop	1
通（动）tōng	to evolve into	12
通常（形）tōngcháng	usually, ordinarily	6
通分（动）tōngfēn	to find out common denominator for	11
通风（动、形）tōngfēng	to ventilate; ventilation	3

同（形）tóng	same	5
铜（名）tóng	copper (Cu)	13
瞳孔（名）tóngkǒng	pupil	27
同时（名）tóngshí	at the same time	5
同一（形）tóngyī	same, identical	28
桶（名）tǒng	drum, barrel	12
统一（形）tǒngyī	unified, unitary	24
投（动）tóu	to project	5
投递（动）tóudì	to deliver	23
投入（动）tóurù	to throw into, to put into	25
投射（动）tóushè	to cast, to project	25
透明（形）tòumíng	transparent	1
透明度（名）tòumíngdù	transparency	24
突破（动）tūpò	to break through, break	23
凸透镜（名）tūtòujìng	convex lens	27
图文（名）túwén	picture and text	23
图像（名）túxiàng	picture, image	23
团（名）tuán	ball, roll	26
推算（动）tuīsuàn	to calculate	9
脱离（动）tuōlí	to break away from	18

W

外表（名）wàibiǎo	surface, outward appearance	19
外壳（名）wàiké	shell	19
外力（名）wàilì	external force	26
弯曲（形）wānqū	winding, crooked	28
完成（动）wánchéng	to complete	11
完全（副、形）wánquán	complete, fully	9
碗（名）wǎn	bowl	18
王水（名）wángshuǐ	aqua regia	19
网兜（名）wǎngdōu	string bag	18
往往（副）wǎngwǎng	often, usually	13
网站（名）wǎngzhàn	website	23

望远镜（名）wàngyuǎnjìng	telescope	7
微处理器（名）wēichǔlǐqì	microprocessor unit	27
微量（名）wēiliàng	trace, micro-	30
微血管（名）wēixuèguǎn	(blood) capillary	30
帷幕（名）wéimù	heavy curtain	4
纬度（名）wěidù	latitude	2
为（介）wèi	for	16
未来（名）wèilái	future	19
为了（介）wèile	in order to, for	3
卫星（名）wèixīng	satellite	17
位于（动）wèiyú	to situated, to be located	2
温标（名）wēnbiāo	scale of temperature	21
温度（名）wēndù	temperature	1
温暖（形）wēnnuǎn	warm	2
稳定（形）wěndìng	stable, steady	1
无色 wú sè	colourless	22
无数（形）wúshù	innumerable	13
无限（形）wúxiàn	limitless	9
无线电波（名）wúxiàndiànbō	radio wave	24
武器（名）wǔqì	weapon	16
雾（名）wù	mist	22
物质（名）wùzhì	matter	1

Ⓧ

锡（名）xī	tin (Sn)	12
吸管（名）xīguǎn	straw	28
吸声（动）xīshēng	sound absorption	4
细胞（名）xìbāo	cell	27
细节（名）xìjié	details, particulars	23
细小（形）xìxiǎo	very small	30
狭小（形）xiáxiǎo	narrow and small	26
纤芯（名）xiānxīn	core (of a fibre)	24
显示屏（名）xiǎnshìpíng	display	27

显微镜（名）xiǎnwēijìng	microscope	30
现象（名）xiànxiàng	phenomenon	1
香（形）xiāng	sweet-smelling, fragrant; savoury, appetizing	13
相除（动）xiāngchú	to divide by	8
相隔（动）xiānggé	to be separated by, to be apart, to be at a distance of	17
相继（副）xiāngjì	in succession, one after another	4
相交（动）xiāngjiāo	to intersect	28
香精（名）xiāngjīng	essence	1
相连（动）xiānglián	to be linked together	27
香料（名）xiāngliào	perfume, spice	1
香气（名）xiāngqì	sweet smell, fragrance	13
香水（名）xiāngshuǐ	perfume	13
相信（动）xiāngxìn	to believe	10
相应（动、形）xiāngyìng	to correspond; corresponding	15
项（量）xiàng	item, *a measure word*	11
像（动）xiàng	to be like	6
像素（名）xiàngsù	pixel	27
向心力（名）xiàngxīnlì	centripetal force	17
向着（动）xiàngzhe	to face, to turn towards	7
消除（动）xiāochú	to remove, to clear up	4
消失（动）xiāoshī	to disappear	4
硝酸（名）xiāosuān	nitric aicd (HNO_3)	20
小区（名）xiǎoqū	residential areas, neighbourhood	24
小数（名）xiǎoshù	decimal	9
小于（动）xiǎoyú	to be less than, to be smaller than	9
效果（名）xiàoguǒ	effect, result	3
效率（名）xiàolǜ	efficiency	30
效能（名）xiàonéng	efficacy	25
新鲜（形）xīnxiān	fresh	5
信箱（名）xìnxiāng	mailbox	23
星（名）xīng	star	7
星光（名）xīngguāng	starlight, starshine	28
形变（名）xíngbiàn	deformation	28

行程（名）xíngchéng	distance of travel	11
行刺（动）xíngcì	to assassinate	16
行驶（动）xíngshǐ	to run, to move	10
形式（名）xíngshì	form, shape	4
行星（名）xíngxīng	planet	7
悬浮（动）xuánfú	to suspend, to float	5
学（名）xué	branch of knowledge	3
血管（名）xuèguǎn	blood vessel	27

Y

压强（名）yāqiáng	intensity	6
烟（名）yān	smoke	22
沿（介）yán	along	18
严格（形）yángé	strict	18
严密（形）yánmì	tight, close	24
炎热（形）yánrè	sweltering heat	3
延展性（名）yánzhǎnxìng	ductility	12
演变（动）yǎnbiàn	to develop, to evolve	16
眼球（名）yǎnqiú	eyeball	27
眼珠（名）yǎnzhū	eyeball	27
氧化（动）yǎnghuà	to oxidize	22
氧化汞（名）yǎnghuàgǒng	mercuric oxide (HgO)	14
氧化剂（名）yǎnghuàjì	oxidizing agent	22
氧化铝（名）yǎnghuàlǚ	alumina oxide (Al_2O_3)	20
氧化镁（名）yǎnghuàměi	magnesium oxide (MgO)	13
氧化铁（名）yǎnghuàtiě	iron oxide (Fe_2O_3)	14
氧化铜（名）yǎnghuàtóng	copper oxide (CuO)	13
氧气（名）yǎngqì	oxygen	1
药物（名）yàowù	medicines	30
耀眼（形）yàoyǎn	dazzling	13
冶金（名）yějīn	metallurgy	22
也许（副）yěxǔ	perhaps, probably	29
液化（动）yèhuà	to liquefy	12

页面（名）yèmiàn	web page	23
夜晚（名）yèwǎn	night	28
液柱（名）yèzhù	water column	10
依据（动、名）yījù	in accordance with, according to; basis, foundation	30
医疗（名）yīliáo	medical treatment	26
医学（名）yīxué	medicai science	19
移动（动）yídòng	to move	24
一面（名）yímiàn	side	7
仪器（名）yíqì	instrument	7
一样（形）yíyàng	same, as··· as···	6
以（介）yǐ	with, by	4
以（连）yǐ	in order to	16
以内（名）yǐnèi	within	8
亿（量）yì	a hundred million	6
一般（形）yìbān	general	3
一模一样 yìmú-yíyàng	exactly alike, as like as two peas	26
意味（动）yìwèi	to signify, to mean, to imply	24
一氧化碳（名）yīyǎnghuàtàn	carbon mono xide (CO)	13
一直（副）yìzhí	continuously, always, all along	2
因数（名）yīnshù	factor	8
因素（名）yīnsù	factor, element	5
银（形、名）yín	silver	19
隐蔽（动、形）yǐnbì	to conceal, to take cover	29
引起（动）yǐnqǐ	to cause	9
英籍华人 Yīngjí huárén	British Chinese	24
影响（动、名）yǐngxiǎng	to affect; effect	2
硬（形）yìng	hard	20
硬度（名）yìngdù	hardness	19
永久（形）yǒngjiǔ	permanent	12
用处（名）yòngchu	use	11
用户（名）yònghù	consumer, user	23
用途（名）yòngtú	use	12
幽静（形）yōujìng	tranquil, secluded, quiet	4

有害（形）yǒuhài	harmful	7
有利（形）yǒulì	advantageous, favourable	29
有趣（形）yǒuqù	interesting, fascinating	13
有时（副）yǒushí	sometimes	8
有所（动）yǒusuǒ	somewhat, to a certain extent	28
有限（形）yǒuxiàn	limited	26
于（介）yú	to, at, in, than	9
宇宙飞船（名）yǔzhòu fēichuán	spaceship, airship	18
预（副）yù	in advance, beforehand	26
预定（动）yùdìng	to fix in advance	18
域名（名）yùmíng	domain name	23
圆（形、名）yuán	round, circular	9
原地（名）yuándì	original place	11
缘故（名）yuángù	cause, reason	25
圆孔（名）yuánkǒng	round hole	27
圆周率（名）yuánzhōulǜ	pi (π)	9
圆柱体（名）yuánzhùtǐ	cylinder	15
原子（名）yuánzǐ	atom	7
原子能（名）yuánzǐnéng	atomic energy	29
约（动）yuē	to be reduced	11
约（副）yuē	about, approximately	7
约分（动）yuēfēn	to reduce	11
约数（名）yuēshù	divisor	11
允许（动）yǔnxǔ	to permit, to allow	30
运（动）yùn	to move, to carry	11
运行（动）yùnxíng	to be in motion	7

Z

杂质（名）zázhì	foreign matter	30
载流子（名）zàiliúzǐ	cuurrent carrier	30
载重量（名）zàizhòngliàng	carrying capacity	11
暂时（名）zànshí	temporary, transient	26
造成（动）zàochéng	to make, to cause	28

噪声（名）zàoshēng	noise	4
占（动）zhàn	to make up	7
蘸（动）zhàn	to dip in	22
占据（动）zhànjù	to occupy	5
照射（动）zhàoshè	to shine	2
折断（动）zhéduàn	to break off	28
折射（动、名）zhéshè	to refract ; refraction	27
折射率（名）zhéshèlǜ	index of refraction	24
者（代）zhě	-ist, -er (person), person (who does sth.)	23
针尖（名）zhēnjiān	pinpoint	10
真空（名）zhēnkōng	vacuum	21
振动（动、名）zhèndòng	to vibrate; vibration	25
蒸馏水（名）zhēngliúshuǐ	distilled water	30
整除（动）zhěngchú	to be divided with no remainder	8
整个（名、副）zhěnggè	whole, entire	13
整齐（形）zhěngqí	in good order, tidy, regular	9
整数（名）zhěngshù	integer	11
正（形）zhèng	positive	11
正常（形）zhèngcháng	normal, regular	3
正面（名）zhèngmiàn	front	9
证明（动、名）zhèngmíng	to prove; certificate	6
正确（形）zhèngquè	proper, correct	6
证实（动）zhèngshí	to confirm, to verify	9
挣脱（动）zhèngtuō	to throw off	30
之（助）zhī	of	8
只（量）zhī	a measure word	16
支持（动）zhīchí	to support	18
脂肪（名）zhīfáng	fat	25
之后（名）zhīhòu	later, after, afterwards	19
之所以（连）zhīsuǒyǐ	*used to introduce the consequence or result of an action*	5
直到（动）zhídào	to reach	21
直观（形）zhíguān	visual	23

直接（形）zhíjiē	direct, immediate	2
直径（名）zhíjìng	diameter	9
直线（名）zhíxiàn	straight line	28
植物（名）zhíwù	plant	17
指（动）zhǐ	to point	10
指标（名）zhǐbiāo	target, index	27
纸片（名）zhǐpiàn	scraps of paper	16
指示（动、名）zhǐshì	to indicate, to point out	6
至（动）zhì	to, until	28
制（动）zhì	to make	1
制订（动）zhìdìng	to work out	26
质量（名）zhìliàng	mass, quality	27
制品（名）zhìpǐn	products, goods	1
制取（动）zhìqǔ	to make	20
中枢（名）zhōngshū	centre	27
重（形）zhòng	heavy	1
中毒（动）zhòngdú	to poison	22
众多（形）zhòngduō	multitudinous, numerous	23
重力（名）zhònglì	gravitation	5
注射（动）zhùshè	to inject	30
转变（动）zhuǎnbiàn	to transform	16
转（动）zhuàn	to turn, to revolve, to rotate	3
装置（名）zhuāngzhì	installation, device	16
（层）状（名）(céng)zhuàng	(laminated) state	20
状况（名）zhuàngkuàng	state, condition	14
咨询（动）zīxún	consult; seek advice from	23
紫色（名）zǐsè	purple	14
自（介）zì	from, since	28
自动（形）zìdòng	automatic	18
自然界（名）zìránjiè	the natural world	14
自然数（名）zìránshù	natural number	11
总（副）zǒng	always	9
总是（副）zǒngshì	always	4

总之（连）zǒngzhī	in a word, in short	30
阻碍（动）zǔ'ài	to obstruct; obstacle	3
组成（动）zǔchéng	to compose, to consist of	9
阻挡（动）zǔdǎng	to obstruct	7
钻（动）zuān	to get into	22
钻头（名）zuàntóu	bit (of a drill)	20
最初（名）zuìchū	initial, first	24
最终（名）zuìzhōng	final, ultimate	24
遵循（动）zūnxún	to abide by, to follow	23
坐标（名）zuòbiāo	coordinate	25
作用（动、名）zuòyòng	to act on; function	5

专 名

A

阿波罗 11 号 Ābōluó Shíyī Hào	Apollo No.11	26
阿房宫 Ēpánggōng	*name of an ancient palace*	16

G

葛洪 Gě Hóng	*name of a person*	1

H

海南岛 Hǎinándǎo	*a province in South China*	2
黑龙江 Hēilóngjiāng	*a province in Northeast China*	2

K

可口可乐 Kěkǒukělè	Coca-Cola	1

L

刘徽 Liú Huī	*name of a person*	9

M

美国宇航局 Měiguó Yǔhángjú	US Space Agency	26
蒙古 Měnggǔ	Mongolia	2

N

南极 Nánjí	the South Pole	12

Q

秦始皇 Qínshǐhuáng	*the First Emperor of the Qin Dynasty*	16

W

万维网 wànwéiwǎng	World Wide Web	23

X

西伯利亚 Xībólìyà	Siberia	2

Y

英吉利海峡 Yīngjílì Hǎixiá	the English Channel	45

Z

祖冲之 Zǔ Chōngzhī	*name of a person*	9

责任编辑：杨　晗
英文编辑：韩芙芸
封面设计：古涧文化
印刷监制：佟汉冬

图书在版编目（CIP）数据

基础科技汉语教程·阅读课本（上）：汉英对照 / 杜厚文
编著. — 北京：华语教学出版社，2011
ISBN 978-7-5138-0090-7

Ⅰ．①基… Ⅱ．①杜… Ⅲ．①科学技术－汉语－阅读
教学－对外汉语教学－教材 Ⅳ．①H195.4

中国版本图书馆CIP数据核字(2011)第141089号

基础科技汉语教程·阅读课本（上）

杜厚文　编著
＊
©华语教学出版社
华语教学出版社出版
（中国北京百万庄大街24号　邮政编码100037）
电话: (86)10-68320585, 68997826
传真: (86)10-68997826, 68326333
网址：www.sinolingua.com.cn
电子信箱：hyjx@sinolingua.com.cn
北京市松源印刷有限公司印刷
2011年（16开）第1版
ISBN 978-7-5138-0090-7
定价：49.90元